ख़ामोश! अदालत जारी है

ख़ामोश! अदालत जारी है

विजय तेंडुलकर

अनुवाद
डॉ. पद्मजा घोरपड़े

वाणी प्रकाशन

वाणी प्रकाशन

4695, 21-ए, दरियागंज, नयी दिल्ली 110 002

फ़ोन : +911123273167 फ़ैक्स : +911123275710

शाखाएँ

अशोक राजपथ, पटना 800 004, बिहार

कॉफ़ी हाउस कैम्पस, महात्मा गांधी मार्ग, इलाहाबाद 211 001, उत्तर प्रदेश

महात्मा गांधी अन्तरराष्ट्रीय हिन्दी विश्वविद्यालय, वर्धा 442 001, महाराष्ट्र

www.vaniprakashan.com

marketing@vaniprakashan.in

sales@vaniprakashan.in

Khamosh ! Adalat Jari Hai
by Vijay Tendulkar
Translated from Marathi to Hindi by Dr. Padmaja Ghorpade

ISBN : 978-93-87409-30-9
Play

पेपरबैक प्रथम संस्करण 2019
पेपरबैक द्वितीय संस्करण 2022

मूल्य : ₹ 199

सिटी प्रेस, दिल्ली-110 095 में मुद्रित

वाणी प्रकाशन का लोगो मक़बूल फ़िदा हुसेन की कूची से

मुझे जन्म और जीवनभर के लिए स्वस्थ नज़रिया देनेवाली
और स्वयं वेदनाएँ सहनेवाली मेरी माँ
को श्रद्धा के साथ समर्पित।

—विजय तेंडुलकर

इस नाटक का प्रथम मंचन 'रंगायन' संस्था द्वारा दिनांक 20 दिसम्बर, 1967 : रवीन्द्र नाट्यगृह, मुम्बई में हुआ।

इसमें भाग लेने वाले रंगकर्मी–

सुखात्मे	:	सतीश दुभाषी
काशीकर	:	नारायणा पै
पोंक्षे	:	श्रीकान्त लागू
सामन्त	:	अरुण काकडे
कर्णिक	:	राजा बापट
रोकडे	:	विजय कालगावकर
श्रीमती काशीकर	:	शरयू भोपटकर
सुश्री बेणारे	:	सुलभा देशपाण्डे
निर्देशक	:	अरविन्द देशपाण्डे
नेपथ्य विधान	:	राम शितूत
रंगमंचीय व्यवस्था	:	प्रभाकर गोखले

नाटक कैसे नहीं लिखना चाहिए इसका मानदण्ड था इस नाटक का लेखन! अतः जब इस नाटक सम्बन्धी प्रशंसा उद्‌गार सुनने को मिलते हैं तब इसका समूचा श्रेय मेरा नहीं है के भाव को मन में जगाता है।

'रंगायन' के ज़िद्दी कलाकारों ने मंचन के दो दिन पूर्व मुझसे नाटक पूरा करवा लिया। अतः नाटक के अच्छे होने का श्रेय उन्हीं को जाता है। पार्ले (मुम्बई) में सम्पन्न नवरात्रि उत्सव में 'नक़ली न्यायालय' कार्यक्रम के दौरान कुछ लोगों की बदौलत इस नाटक के पात्र मुझे मिले। मैंने ही उन्हें उनकी पूर्वाभिनय की दौड़-धूप और चर्चा देखते-सुनते प्रेक्षागृह दिखाया था। शिरीष पै की कविता से बेणारे की केन्द्रीय व्यक्ति रेखा साकार हुई। यह कविता प्रथम अंक में उसी से कहलवाई गयी है। इस नाटक की रचना में न्याय संस्था से सम्बन्धित सच-झूठ पर आधारित नाटक, सिनेमा और पुस्तकों से मुझे लाभ मिला। तकनीक के सम्बन्ध में प्रत्यक्ष-अप्रत्यक्ष इनसे मैं लाभान्वित हुआ। जैसे किसी पुराने अंग्रेज़ी नाटक पर आधारित 'वी आर नो एंजल्स' सिनेमा; डयुरेनमात (जर्मन उपन्यासकार) का उपन्यास 'डेंजरस गेम'; आचार्य अत्रे के लिखित 'डॉक्टर लागू' नाटक का अन्तिम अंक; जे.बी. प्रीस्टले का 'टाइम प्लेज' आदि का मैं ऋणी हूँ।

हाँ, इस नाटक की आत्मा और इसमें व्यक्त जीवन सौ फ़ीसदी यहीं का है।

—विजय तेंडुलकर

खेल–चिड़िया की हत्या का!

बच्चों का खेल चल रहा है। घर में कोई स्वादिष्ट व्यंजन बन रहा है। तब तक समय बिताना है। क्या खेलें? सोचते-सोचते उन्हें सामने वाली तख़्ती पर प्यारी-सी चिड़िया दिखायी देती है। 'इस चिड़िया को पकड़ते हैं। समय अच्छा बीतेगा।' सभी बच्चों को कल्पना पसन्द आती है। फिर कमरे के दरवाज़े-खिड़कियाँ बन्द किये जाते हैं। डरते-सहमते बच्चे चिड़िया के इर्द-गिर्द जमा हो जाते हैं। कोई धीरे से पत्थर फेंकता है। कोई तिनके से उसे चुभोता है। अनजाने में चिड़िया इस खेल में मज़े से शामिल होती है। तब बच्चे साहसी बन जाते हैं। कोई चिड़िया का पर नोच लेता है। सभी बच्चों की आँखों में अब ख़ून सवार होने लगता है। चिड़िया डर जाती है। जी-जान से वहाँ से निकल जाना चाहती है लेकिन सारे दरवाज़े पहले से ही बन्द किये हुए हैं। खेल का मज़ा लेने वाले बच्चे इत्मीनान से चिड़िया को पकड़ लेते हैं। उसका पर-पर नोचते हैं। वह ख़ून में लथपथ कराहती है। उतने में माँ की पुकार सुनायी देती है। बच्चे चिड़िया को वैसे ही बेहाल छोड़कर और क्रूर खेल को पल में भूलकर वह स्वादिष्ट व्यंजन खाने के लिए चल पड़ते हैं। समय बढ़िया बीत गया। अब ज़्यादा से ज़्यादा हाथ धोने होंगे!

चिड़िया वहाँ ख़ून में लथपथ पड़ी है फिर भी खेल ख़त्म नहीं हुआ है। ऐसे अनगिनत मौक़े आने वाले हैं। चिड़ियाँ भी बेशुमार हैं। टाइमपास करने हेतु समाज की क्रूरता से कई जानें घायल होने वाली हैं। अतः ख़ामोश! खेल जारी है!!

समाज न्याय पर स्थित है और न्याय कानून पर। और कानून गधा है! (इसका मतलब यह नहीं कि समाज गधेपन पर आश्रित है। यह पूर्ण सत्य नहीं हो सकता क्योंकि गधा सिर्फ़ बुद्धिहीन होता है, क्रूर नहीं।) परम्परागत आचार-विचार और जंग लगी रूढ़ियाँ भी समाज के अलिखित कानून होते हैं। और इसकी चौखट जाने-अनजाने लाँघने वाला व्यक्ति समाज में सज़ा के योग्य होता है।

न्याय-अन्याय के इस भयावह खेल में मशगूल समाज की अदालत में एक मुकदमा पेश किया गया है। शरीर के 'शरीरत्व' का शाप ढोने वाली एक मनस्वी लड़की पर मुकदमा चलाया जा रहा है। इस अभियोग का उद्देश्य न तो सनातन मूल्यों की जाँच करना है और न ही न्याय-अन्याय से किसी को कुछ लेना-देना है। तयशुदा चौखट में जीते-जीते ऊब गये, थके-माँदे समाज ने मनोरंजन हेतु इस खेल का आरम्भ किया है। खेल की अन्तिम परिणति के बारे में किसी को कुछ लेना-देना नहीं है। सिर्फ़ समय काटना है। मुकदमा जितना सनसनीखेज होगा। उतना समय अच्छा बीतने वाला है।

इसमें सभी शामिल हैं—विश्व रहस्य की खोज करने वाले वैज्ञानिक हैं, समाज के स्वास्थ्य की चिन्ता करने वाले न्यायशास्त्री हैं, जीवन की निरर्थकता का बोध हुए दार्शनिक हैं, आया दिन गुज़ारने वाले तमाशबीन हैं, अपने अहम् के हेतु दूसरों का शोषण करनेवाले हैं और शोषित भी हैं। ये सभी इस खेल में सम्मिलित हैं।

मुजरिम के कठघरे में खड़ी है मासूम, स्थिरचित्त, मनस्वी और निर्झर जैसी हँसी बिखेरनेवाली एक लड़की (औरत)। उसने किसी का कुछ बिगाड़ा नहीं है। वह अपने हिस्से आयी गहरी वेदना हृदय में छिपाते हुए हँसमुख रहकर जीने के प्रयत्न में रत है। अपने झुलसे मन की निराशा की परछाईं तक अपने छात्रों पर न आये इसलिए सदा चौकन्नी रहती है वह! जीवन से अथक प्रेम करने वाली लड़की है वह! समाज की नीति कल्पनाओं से मेल न खाने वाली कोई बात उससे हो गयी है। यही उसका भयावह अपराध है जिसके लिए उसे न्यायासन के सामने लाया गया है—ज़बर्दस्ती!

न्याय-अन्याय, नीति-अनीति इस झमेले में किसी को रुचि नहीं है। सिर्फ़ टाइमपास के लिए यह मुकदमा चलाया जा रहा है। अतः मुजरिम को जितना उकसाया जाये, जितना नोचा जाये, जितनी वेदनाएँ पहुँचायी जायें, जितनी छुपी बातें उछाली जायें उतना खेल अधिक रोचक होने वाला है। यहाँ-वहाँ बिखरे ख़ून के धब्बे, कलेजा-पेट बाहर निकाल दी गयी देह देखने को मिलने पर चौखटबद्ध, निष्प्राण ज़िन्दगी का एक पल क्यों न हो रोमांचित होने वाला है! तो फिर किसी की बलि चढ़ायी जाये तो किसी का क्या बिगड़ने वाला है?

ऐसा यह अमानुष (सच कहें तो मानवी) असुरी मुकदमा है। ऐसे अनगिनत मुकदमे लड़े जानेवाले हैं। अनगिनत मुजरिमों(?) का ख़ून बहने वाला है! अतः ख़ामोश अदालत जारी है!

इस क़दर भयावह रूप से बेचैन करने वाली कथा जिस नाटक में कही गयी है उस नाटक का शीर्षक है—('शांतता! कोर्ट चालू आहे') ख़ामोश! अदालत जारी है! विजय तेंडुलकर का लिखा है यह नाटक! और जिस रंगमंच पर यह नाटक ठीक से चल नहीं सकता वह रंगमंच है—भारत का अग्रगण्य मराठी रंगमंच!

अपने आसपास अक्सर दिखने वाले ऐसे पाँच-छह पात्र लेकर तेंडुलकर जी ने जिस मृत समाज का प्रत्ययकारी चित्र हमारे सामने खड़ा किया है वह बेजोड़ अदा है उनकी। आम आदमी जीवन से ऊब गया है। उसका सामान्य जीवन इतने हीन स्तर पर उतर गया है कि 'जाली अदालत' जैसा घटिया कार्यक्रम भी उसे रोमांचक घटना प्रतीत होती है। और इसकी राह देखते वक़्त आयी थकान सहने की भी ताक़त उसमें नहीं होती। किसी रोमांचित कार्यक्रम की राह देखते समय आयी थकान दूर करने हेतु उसे और कोई रोचक कार्यक्रम चाहिए। लाश बने मन हैं ये सब! उनमें न हौसला न कुछ। बस! पतनशील, उद्‌देश्यहीन ज़िन्दगी जी रहे हैं ये सब—और वह भी जीना पड़ रहा है सिर्फ़ इसलिए!

सिर्फ़ टाइमपास हेतु खेले जा रहे इस खेल में मासूम जान को ख़ून में लथपथ करने की जो क्रूरता इस समाज में है वह क्रूरता भी अर्थहीन, उद्‌देश्यहीन है। यह क्रूरता किसी प्रतिशोध के कारण आकांक्षापूर्ति हेतु नहीं उपजी है। बल्कि इस क्रूरता की भयावहता का एहसास भी इस समाज को नहीं है। पलभर के लिए मनोरंजन! बस इतना ही मकसद है इस अमानुष क्रूरता के पीछे! और यही सबसे बड़ी त्रासदी है इस समाज की!

जो मन इस खेल में आहत हुआ है उस मन की त्रासदी तो यह है ही। लेकिन इससे अधिक त्रासदी उनकी है जिन गुटों ने उसे घायल किया है। उस समूह के मृत मन की यह त्रासदी है। मानसिक नपुंसकता से यह समूह मुक्त नहीं होने वाला! अतः ये खेल ऐसे ही चलते रहेंगे। आज एक बेणारे नामक लड़की की बलि चढ़ायी गयी तो कल किसी पोंक्षे की, परसों किसी काशीकर की...और यह सब ज्ञान होते हुए भी बलि चढ़ाने वाले खेल में पोंक्षे, काशीकर भाग लेने ही वाले हैं। जब तक समय अच्छा कट रहा है तब तक चिन्ता की बात नहीं। जान के बाद जान...कई जानें घायल करने की क्रूरता हममें है इससे भी ये बेदखल हैं! सिर्फ़ समय काटना, आया पल गुज़ारना इतना भर उद्‌देश्य भले ही इस क्रूरता में हो लेकिन प्रत्यक्ष रूप से इस क्रूरता में क्षणिक कुछ भी नहीं है। जो है वह अनन्त काल तक चलने वाला है और अनगिनत बलि लेने वाला है।

इतना भयावह अर्थ इस छोटे से नाटक ने अपने में समाया है यह बात साधुवाद की है।

नाटक के आरम्भ में हमें आत्मकेन्द्रित, संवेदनशील, बुद्धिवादी लड़की दिखायी देती है। लीला बेणारे उसका नाम! वह बावरी बनी है। बेचैन है और लगातार स्वयं को सँभालते हुए हँसमुख चेहरे से जी रही है। उसका बोलना-अदाएँ थोड़ी-सी उच्छृंखल हैं लेकिन उस सब में बच्चों-सी मासूमियत है। कुल मिलाकर यह लड़की हमें भा जाती है—खिलखिलाते छोटे बच्चे-सी!

फिर उसके आसपास के एक-एक व्यक्ति से हमारा परिचय हो जाता है। वैसे उन सभी के बारे में हमें ज़्यादा कुछ पता नहीं चलता। बस इतना पता चलता है कि एक 'नक़ली अदालत' कार्यक्रम प्रस्तुत करने ये सभी लोग मुम्बई से किसी दूरदराज के गाँव आये हैं। रात में जिस हॉल में यह कार्यक्रम होने वाला है वहाँ यह सभी लोग आ गये हैं। कार्यक्रम शुरू होने में कुछ घण्टों का समय है। तब तक क्या किया जाये। समय काटने हेतु जैसा इंडिफरेंट वातावरण चाहिए होता है वह नाटक के प्रथम अंक में है। कुछ ख़ास करने के लिए है नहीं। फिर गप्पें लड़ाओ, चाय पियो, किसी की पोल खोलो, पान खाओ, सिगरेट पिओ...ऐसे फालतू काम में समय तो बीत रहा है लेकिन इससे और कुछ अच्छा करने को मिलेगा तो सभी को वह चाहिए। रात के कार्यक्रम की रिहर्सल करने का एक विचार सामने आया लेकिन यह सोचकर कि फिर रात का प्रयोग 'उबाऊ' होगा इस प्रस्ताव को नामंज़ूर कर दिया गया। फिर किसी को सूझता है कि क्यों न एक काल्पनिक मुकदमा सच्चे मुकदमे की तरह चलाया जाये? पूर्व नियोजित कुछ नहीं। ऐन समय पर जो सूझेगा वह करते रहने का! कोर्ट के नियमों का पालन करते हुए। सभी को यह कल्पना पसन्द आयी। इससे अच्छा-ख़ासा टाइमपास होगा इस पर सभी सहमत हुए!

कल्पना को प्रतिसाद मिल रहा है देखकर दो-तीन लोगों में कानाफूसी होने लगी—लीला बेणारे को लेकर। सभी मिलकर षड्यन्त्र रचते हैं। शायद लीला बेणारे से वह गुनाह हुआ है जो कि उसे नहीं करना चाहिए था। सो उसे ही कठघरे में खड़ा कर देते हैं। लीला बेणारे भी वहाँ बैठे-बैठे ऊब गयी है। थकान मिटाने हेतु वह बच्चों-सा कोई खेल भी खेल सकती है। वह भी इस खेल में शामिल हो जाती है यह सोचकर कि फालतू की गप्पें लड़ाने से अच्छा है कि यह नया खेल खेला जाये! समय अच्छे से बीतेगा!

इस तरह अदालत की कार्यवाही शुरू हो जाती है—नासमझी में, उबाऊ बातों से, बीच में ही थोड़ा-बहुत अश्लीलता के संकेत से, इधर-उधर भरमाते हुए। प्रथम अंक में यही सब होता रहता है बेतरतीब-सा और अंक के अन्त में सहसा कसकर तमाचा जड़ देने-सा आरोप बेणारे पर किया जाता है—'मुजरिम

मिस बेणारे, आई.पी.सी. की धारा तीन सौ दो के अन्तर्गत आप पर भ्रूण हत्या का इल्ज़ाम है। क्या आप इससे सहमत है? या नहीं?

अनपेक्षित रूप से किये गये इस प्रहार से बेणारे हक्का-बक्का रह जाती है। सभी उसे घूर रहे हैं। बेणारे का इस क़दर शून्य में खोना ही साबित करने के लिए पर्याप्त है कि उसने सचमुच भ्रूण हत्या की है। माई गॉड! और यह लड़की हमें भा गयी थी। मासूम लगी थी।

ज़्यादा हास्य प्रधान न लगने वाला एक प्रहसन हमसे देखा जा रहा है। यह मानकर चलने वाले प्रेक्षकों को कस कर तमाचा मारकर और अन्तर्बाह्य झकझोरकर प्रथम अंक समाप्त होता है।

द्वितीय अंक के प्रारम्भ से हमारी उत्सुकता चरम सीमा पर पहुँच जाती है। अब बेणारे के बारे में कुछ रहस्यमय देखने-सुनने को मिलेगा के ठोस विश्वास को और प्रहसन के रहस्यमयी हो जाने की कल्पना को अंक के आरम्भ में ही बेणारे पर किये गये आरोप के पुनरुच्चार से एवं तनावग्रस्त वातावरण से पुष्टि मिलती है। हम अब रहस्यमय नाटक देखने की मनःस्थिति में आ जाते हैं और इसी वक़्त मसाला पान और सिगरेट के पैकेट लेकर सामन्त प्रवेश करता है और नाटक पहले जैसे हास्य व हलके-फुलके वातावरण में पहुँच जाता है। घायल होती जा रही बेणारे की तनावग्रस्त मानसिकता और उसकी ओर देखने का अन्य लोगों का हँसी-मज़ाक का रवैया इन दो स्तरों पर एक साथ नाटक यात्रा करता रहता है। नाटक की संरचना का यह कमाल का संवेदनशील और पुख़्ता तार है, सम्बल है!

हमें पुनः याद दिलाया जाता है कि यह एक खेल है। इसमें कोई गम्भीर बात नहीं है। इतना ही नहीं मुजरिम के कठघरे में खड़ी बेणारे भी सहसा हुए इस प्रहार से उबरकर स्वयं को स्वस्थ बनाने का प्रयास कर खेल में शामिल होती जा रही है। खेल जारी है! भ्रूण हत्या, मिलॉर्ड, अदालत का कामकाज, मुजरिम को दिये जाने वाले ऑर्डर, कोर्ट की तौहीन, गम्भीर निर्णय, सम्पत्ति का अपहरण आदि कानूनी कार्यवाही से सम्बन्धित शब्द गेंद की तरह यहाँ-वहाँ उछाले जाते हैं। मातृत्व का गुणगान करने वाली घिसी-पिटी बातों के नकाब; मातृ देवो भव, जननी जन्मभूमिश्च स्वर्गादपि गरीयसी जैसे नारे उछाले जाते हैं और खेल की रंगत बढ़ायी जाती है।

बन्द कमरे में बच्चों के बीच घिरी चिड़िया जैसी बेणारे इधर-उधर छटपटाती लुढ़कती रहती है। कौन-सी मुसीबत घात लगाये बैठी है इससे पूर्णतः अनभिज्ञ बेणारे सहज ही इस खेल में शामिल क्या होती है और फिर छटपटाते हुए, फड़फड़ाहट में ग़लती से किसे उसकी चोंच की नोक लगती है कि बस! डरा-सा

कोई प्रतिशोध लेने उतावला होकर उसके पर नोच लेता है! ख़ून टपकता है। बेणारे कराहती है।

लेकिन बच्चों को रोचक खेल मिल गया है। चिड़िया को सिर्फ़ छटपटाते हुए उड़ने को बाध्य करने से अधिक मज़ा उसके पर नोचने में, टपकने वाला लाल ख़ून देखने में, उसकी चीखें सुनने में है। इससे खेल और रंगीन होता जाता है।

बेणारे को जब इन प्रहारों का एहसास होता है तब वह जी-जान से उस कमरे से बाहर निकल जाना चाहती है लेकिन दरवाज़ा बन्द है। वह खुलने वाला नहीं है और अब तो कोई भी 'बाहर' नहीं है। सभी भीतर हैं। पर नोचने में, बहता ख़ून देखने में मशगूल! बेणारे पूरी तरह से क़ैद है।

उसकी असहायता देखकर खेल नया मोड़ लेता है। अब खिलाड़ियों की आँखों में ख़ून उतर आया है। अब वे लपकती जिह्वा वाले, विकृत उत्साह से झुकने वाले, निमग्नता से कान खुजलाने वाले, आँखें चमकाने वाले हो गये हैं।

दूसरे अंक के अन्त में सिर्फ़ यही लपलपाने वाली जिह्वाएँ, ख़ून उतरी हुई चमकती आँखें दिखती हैं और डरी-सहमी बेणारे!

यह खेल खेलने वालों पर ख़ून कुछ ऐसा सवार हो गया है कि अब मुझे लगने लगा है कि तीसरे अंक के आरम्भ में इन सबके चेहरे भी बदले हुए दिखते हैं। डॉ. जेकिल के हाइड होने जैसे! किसी के भेड़िए जैसे दाँत, और कोई ख़ून चाटता हुआ।

खेल गम्भीर हो गया है। प्रभावोत्पादन हेतु न्यायमूर्ति काशीकर ने गाउन पहना है। वकील सुखात्मे कुलदेवता की प्रार्थना कर 'कामकाज' हेतु निकला है। कामकाज महत्त्वपूर्ण है। बेणारे पर आख़िरी प्रहार कर उसका ख़ात्मा करना है। अब पल भर की देरी भी किसी से बर्दाश्त नहीं होती। न्यायमूर्ति हुक्म देते हैं—'गो'। दूसरा चीखता है—'फायर'।

खेल-खेल में मुकदमा चलाया गया था। अब न खेल रहा न मुकदमा। बेणारे पर थोपे गये इल्ज़ाम सच या झूठ हैं इसका फैसला अदालत को करना ही नहीं है। उसका एक-एक पर नोचकर उसे घायल करने का इरादा है बस! बढ़िया टाइमपास हुआ है।

अपने तमाम सामाजिक, कानूनी, नैतिक नाख़ून चुभो-चुभोकर इन लोगों ने उसको नोचा है। ...आयु बत्तीस-चौंतीस होने पर भी इसने शादी क्यों नहीं की?... क्यों करेगी?... बिना शादी के सब कुछ मिल जाता है न! ...पुरुषों के साथ कितना फ्री बर्ताव करती है...हँसती है...नाचती है...किस-किस के साथ अकेली घूमती है... अपने से कम आयु वाले रोकडे के साथ अँधेरे में...उसके सामने शादी

का प्रस्ताव रखा...किसी पोंक्षे को भी...प्रो. दामले से तो बच्चा...फिर शादी का प्रस्ताव...दामले का पहले से ही शादीशुदा होना...आत्महत्या करने हेतु वह हमेशा अपने पास टिक ट्वेंटी की बोतल रखती है...पन्द्रह वर्ष की आयु में इसने मामा से प्रेम किया...असफल होने पर आत्महत्या का प्रयत्न...अब पेट से होने पर टीचर की नौकरी से हाथ धोना पड़ेगा इसलिए वरिष्ठों से रदबदली...उसे अनैतिक बर्ताव के कारण नौकरी से निकाला गया है...। प्रहार पर प्रहार! और बेणारे गुमसुम, सिसकती, दमघोंटु स्थिति में...एकाध चीख! दरअसल, वह बहुत कुछ कहना चाह रही है...उसे लगता है कि कोई तो ज़रा-सा संवेदनशील हो जाये तो वह अपने मन को खोलकर बोझ हलका कर सकेगी...लेकिन उसे समझने वाला यहाँ कोई नहीं है...प्रहार करने वालों का उसकी ओर देखने का नज़रिया इतना तंग, सतही, सहानुभूतिरहित है कि उनसे कुछ कहना ही व्यर्थ है। उनकी उतनी समझ भी नहीं है। इसी कारण बेणारे गुमसुम, घुटन सहती बैठी है। वह उफनते दूध की तरह, गुबार की तरह बोलना चाह रही है। बोल भी रही है। लेकिन खुद से! आत्म संवाद! एकालाप! आसपास के लोगों के साथ उसका सम्पर्क ही नहीं रहा है। कम्युनिकेशन ख़त्म हो गया है।

ऐसी भयावहता की चरम सीमा पर खेल पहुँचता है और किसी को याद आती है रात के कार्यक्रम की, जिसके लिए ये सब आये हैं—उसका समय हो रहा है। अतः यह खेल फ़ौरन रोक दिया जाता है।

समय मज़े में कटा, इतना कि पता ही नहीं चला। सभी उत्साह से अगले कार्यक्रम की तैयारी में जुट जाते हैं और देखते हैं कि बेणारे बेहाल बेहोश पड़ी है। उनकी समझ में ही नहीं आता कि ऐसा क्या हुआ जिसके कारण उसने अपनी यह हालत कर ली। खेल की बात कोई इतनी मन पर लेता है क्या? आफ़्टर ऑल इट वॉज़ जस्ट ए गेम। ए शिअर गेम! बेणारे को वैसे ही छोड़कर वे शान्ति से, इतमीनान से चल पड़ते हैं। वे जानते हैं कि ऐसे कई मौक़े आने वाले हैं कि मन की थकान मिटाने के लिए ऐसे साहसी मुकदमे हमें 'खेलने' हैं। कोई आहत हुआ तो उसमें दुखी होने की क्या बात है?

फिर कोई बेजान, नपुंसक, खिलौने-सा तोता अपनत्व से चिड़िया से पूछता है, 'आँखें' तुम्हारी नम क्यों री? इंपोटंट इंटलेक्चुअल!

कमाल की सामर्थ्य धारण किया यह नाटक रंगमंच पर साकार हुआ और हम मराठी प्रेक्षकों ने इसे दुत्कार दिया। जिस मराठी रंगभूमि पर कई नाटकों के हज़ारों प्रयोग हुए, लाखों का बिज़नेस हुआ उस मराठी रंगभूमि पर इस नाटक के मात्र तीस प्रयोग हुए वह भी नाटक खेलने वाली संस्था की ज़िद के कारण।

यह बाँझपन नहीं तो और क्या? देर आये दुरुस्त आये की अदा से 'भारतीय नाट्यसंघ' ने इसे सर्वश्रेष्ठ मराठी नाटक का गौरव प्रदान कर पाँच हज़ार रुपये का पुरस्कार, सम्मान दिया। कम-से-कम अब तो इस गौरव में सम्मिलित हुआ जाये। वरना क्या रखा है 'मराठी रंगभूमि विकसित हो रही है' जैसे बाँझ शब्द उछालने में? और इस नाटक की किसी न किसी पाश्चात्य नाटक से समानता दर्शाकर नीरस बुद्धि का प्रदर्शन करने में? या फिर सरकारी नाट्य प्रतियोगिता में यह नाटक अन्तिम दौर में न पहुँचे इसलिए घटिया तिकड़म लड़ाने में? इससे तो बेहतर यह होगा कि मुक्त मन से इन महानाटक का आनन्द उठायें और मन को बेचैन कर उदास बनाने वाले इस कलात्मक अनुभव को अनुभूत करें।

इस नाटक में दोष नहीं है यह मेरा कहना नहीं है। फिर भी यह समय है हाथ का चषक ऊँचा कर 'चिअर्स तेंडुलकर' कहने का।

–श्रीराम लागू

('माणूस' पत्रिका में प्रकाशित लेख, 31 जनवरी, 1970)

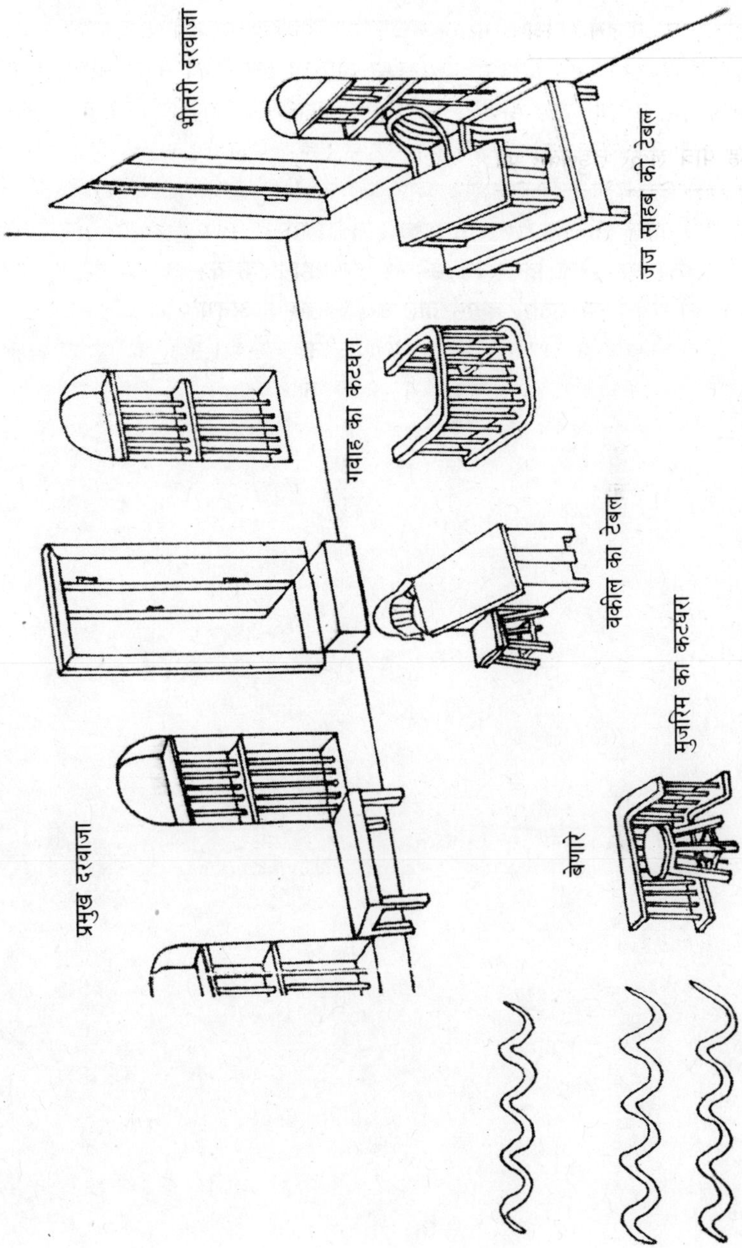

'ख़ामोश! अदालत जारी है' की रंगमंचीय व्यवस्था

'निर्देशक के नज़रिये से'

'ख़ामोश! अदालत जारी है' लीला बेणारे की त्रासदी है। समूचे नाटक में भले ही इस त्रासदी को हलके-फुलके ढंग से प्रहसन शैली में प्रस्तुत किया गया हो लेकिन इस त्रासदी की अन्तःधारा कमाल की तरल और गम्भीर है। इसका अर्थ यह कि नाटक साकार करते समय बेणारे व्यक्तिरेखा को केन्द्र में रखकर उसी के इर्द-गिर्द नाटक घटित होना आवश्यक है। इस दृष्टि से प्रथम अंक में कुछ जगहें निश्चित की गयी हैं। ये जगहें इस बात पर प्रकाश डालने में सक्षम हैं कि ऊपरी तौर पर हँसने वाली बेणारे भीतर गहराई में कहीं कराह रही है, टेन्स है और सजग भी है।

1. बेणारे और सामन्त का प्रवेश एक—इसमें बात करते समय बेणारे अपने पर लगे आरोप और जाँच की बात कहती है।

2. कर्णिक और पोंक्षे के बीच बेणारे को लेकर संवाद

3. श्रीमती काशीकर और रोकडे के संवाद में प्रो. दामले के बारे में चर्चा

4. पोंक्षे और बेणारे का सहेली सम्बन्धी संवाद

5. पूर्व कल्पना न होते हुए सहसा मुजरिम के कठघरे में खड़ी बेणारे की घुटन

ऐसे कुछ स्थान ढूँढ़कर उन्हें प्रधान रूप में प्रस्तुत करना मेरे निर्देशन का स्थूल रूप से सूत्र था। यह करते समय पात्रों के कम्पोज़िशन्स हमने अधिकतर मुखर करने का प्रयास किया। जैसे सामन्त से बात करते समय बेणारे को स्टेज के एक कोने में सामन्त से दूर रखा। प्रेक्षकों के दायीं ओर प्लेटफॉर्म पर बैठकर बेणारे का स्वयं सम्बन्धी जाँच की कार्यवाही का कथन। कर्णिक और पोंक्षे के संवादों में इस बात का निर्वाह मुश्किल है क्योंकि उस वक़्त सभी पात्र स्टेज पर होते हैं। अतः मूव्स कम्पोज़ करते हुए काशीकर, श्रीमती काशीकर और सुखात्मे इनका एक ग्रुप किया और उनकी बहस में मूकाभिनय (mime) किया। रोकडे को दूसरे छोर पर किसी काम में उलझाये रखा। पोंक्षे और कर्णिक को दूर हटाकर लगभग फूललाइट्स तक लाया गया। और इस तरह इस महत्त्वपूर्ण

हिस्से को रेखांकित करने का प्रयास किया। श्रीमती काशीकर और रोकडे के संवाद में दामले की बात छिड़ने पर बेणारे को खड़ा कर सीधी लकीर में पूरा स्टेज लाँघने के लिए कहा गया। उद्देश्य यह है कि दामले और बेणारे का कुछ सम्बन्ध है यह बात सूचित हो जाये और वह ध्वनित हो गया। बेणारे का यानी मुजरिम का कठघरा फूललाइट के पास रखने का उद्देश्य भी यही था। खेल-खेल में जब मुकदमे में बेणारे पर लगाये गये आरोपों से बेणारे को एहसास होता है—पकड़े जाने का—तब वह अधिक से अधिकतर अचम्भित हो होती है, डर जाती है, टेन्स होने लगती है...भ्रूण हत्या के आरोप से यह टेंशन चरम सीमा पार करती है। सामन्त के पान-सिगरेट लाने के कारण भले ही यह नक़ली तनाव औरों के लिए ख़त्म हुआ हो लेकिन बेणारे के लिए बना रहता है क्योंकि अब उसका पीछा किया जाने वाला है। और समूचा नाटक उसके इर्द-गिर्द घटित होने लगता है इसलिए उसकी परस्पेक्टिव पोज़िशन प्रेक्षकों के बिल्कुल पास होना ज़रूरी था। नाटक के परिप्रेक्ष्य में वह क्लोज़अप की तरह प्रेक्षकों की नज़र में रहती है।

जब बेणारे के कठघरे की जगह तय हुई तो हम उस जगह को लगातार उपयोग में लाते गये। अन्य पात्रों की हलचल उसी के साथ बाँधी गयी। उदाहरण के लिए—जब पोंक्षे अपने पहले साक्ष्य में बेणारे के द्वारा उसके सामने रखे शादी के प्रस्ताव की बात कहता है तब बेणारे चौंक जाती है। उसके चौंक जाने में गहरा अर्थ है और उसका यह चौंकना पोंक्षे के दूसरे साक्ष्य से कनेक्ट हो जाता है। बेणारे का चौंकना एक पुल है लेकिन यह तीव्रता से दिखाया कैसे जाये? हमने उस वक़्त बेणारे को अकेला रखा। वह पर्स के साथ बेचैनी से कुछ एक्शन कर रही है और शादी की बात छिड़ते ही पर्स उसके हाथ से छूटकर गिर जाता है। सभी उसकी ओर देखते हैं। वह पलकें न झपकाते हुए पल-दो पल पोंक्षे की ओर देखती है। पॉज! फिर खुद को सँभालकर पर्स उठाती है और बेचैनी से पर्स सहलाती है बस। इसी पल की ख़ामोशी से हमें जो परिणाम अपेक्षित था मिल गया। वही बात रोकडे के पहले साक्ष्य के बारे में। रोकडे जब कहता है कि 'मैंने लीला बेणारे को प्रो. दामले के कमरे में देखा है' तब रोकडे की ओर देखते हुए बेणारे कठघरे में खड़ी है और अन्य पात्र गौण हो जाते हैं। उसके और रोकडे की बीच जब समानान्तर रेखा में बहस शुरू होती है तब बेणारे की प्रेक्षकों के पास वाली पोज़िशन उसे लगातार डॉमिनेटिव रखती है। आरोपी का कठघरा और साक्ष्य देने वाले का कठघरा कुछ इस तरह रखा गया था जिससे आरोपी

के कठघरे को महत्त्व प्राप्त होता रहे। और कठघरे में खड़े साक्ष्य देने वाले से आरोपी हमेशा अग्रेसिव लगता रहे।

दूसरे अंक के अन्त में नाटक अफलातून मोड़ लेता है और महज़ खेल के तौर पर आरम्भ हुआ यह खेल अपना रूप बदलता है। वह खेल, खेल रहता ही नहीं, बल्कि वह शिकार हो जाता है। क्रूर, बीभत्स, घृणित शिकार! निर्देशक के नाते यही कसौटी का क्षण था। खेल शिकार में परिवर्तित हो जाता है। सामन्त के साक्ष्य के कारण। हाथ में ली किताब में वर्णित मजमून वह बतौर साक्ष्य उत्साह से कहता है और मनुष्य में का 'पशु' जागृत हो जाता है। इस नाटक का हर व्यक्ति अकेले में डरपोक है, सामान्य है लेकिन समूह में उसमें का 'पशु' जाग जाता है और समूह में का 'मनुष्य' समाप्त होता है। अब शेष है सिर्फ़ पशु! खूँखार पशु। सामने वाले शिकार को देखकर जिह्वा लपलपाने वाले। 'खेल ख़त्म और जानलेवा शिकार शुरू' यह एहसास सामन्त के साक्ष्य के समय साकार करना चुनौती थी। तब मैंने ग्रुपिंग कर कम्पोज़िशन के सहारे हल निकाला। यूँ करवाया कि सामन्त के साक्ष्य के समाप्त होते-होते किसी न किसी कारण से हर पात्र को सामन्त की ओर लाया गया। परिणामतः एक विशिष्ट पल में जब वह सुनना बर्दाश्त के बाहर हो जाता है तब बेणारे टूट जाती है, लुढ़कती-गिरती है तब सभी पात्र एकतरफ़ा यानी प्रेक्षकों के दायीं ओर और अकेली बेणारे प्रेक्षकों के बायीं ओर—ऐसी फ्रेम बनायी गयी। शिकार के विरोध में शिकारी था ऐसा ही कुछ। एक और छोटी-सी बात, किन्तु जो सूझबूझ से की गयी थी, वह यह कि अब हर व्यक्ति न्यायाधीश की कुर्सी के आसपास पहुँच जाता है।

न्यायाधीश की मुद्रा में हर कोई असुरी आनन्द में निमग्न! दरवाज़ा सहसा बाहर से बन्द हो जाने से अब हर कोई वासना तृप्ति की नज़र से एक-दूसरे को देखता है कि अब शिकार कहीं नहीं जायेगा। एक अकेला सामन्त इसके लिए अपवाद है। क्योंकि जो कुछ हो रहा है वह उसकी समझ के परे है। इसलिए वह बेणारे के साथ है। बेणारे जब दरवाज़ा खोलने का प्रयत्न करती है तब अकेला सामन्त बेणारे के साथ यानी प्रेक्षकों के दायीं ओर है। बाकी सभी पात्र बायीं ओर।

नाटक का तीसरा अंक कर्णिक, पोंक्षे, रोकडे, काशीकर के बेणारे के प्रति प्रतिशोध से भरा है। हर कोई आवेग से उस पर बरसता है और बेणारे एक भी शब्द न कहते हुए अपने कठघरे में बैठी है—डरी-सहमी हुई। अपने ही जीवन की धज्जियाँ उड़ते देखती हुई! चुपचाप! मेरी राय में तीसरे अंक में बेणारे का एकालाप डिफेन्स नहीं है बल्कि डिफायन्स है। इसीलिए ध्यान देने योग्य बात यह है कि

यह समूचा एकालाप वह प्रेक्षकों की ओर देखकर करती है न कि पात्रों की ओर देखकर। क्योंकि उसकी नज़र में वे पात्र गौण हैं, मामूली हैं, अति सामान्य हैं।

यह एकालाप रंगमंच पर साकार करते समय महत्प्रयास करने पड़े, क्योंकि यह एकालाप यानी उस क्षण उसके मन में उभरे अनगिनत विचार हैं। समूचे जीवन का चित्र उसके सामने है और उसके आधार पर उसके खोजे हुए निष्कर्ष हैं ये! अब यह कैसे दिखायें। काशीकर का अन्तिम वाक्य है, जवाब देने के लिए आरोपी को मात्र दस सेकण्ड दिये जाते हैं। बेणारे के एकालाप का पहला वाक्य है—'हाँ, मुझे बहुत कुछ कहना है।' अब इससे ग़लतफ़हमी होने की गुंजाइश थी कि बेणारे सीधे काशीकर के प्रश्न का उत्तर तो नहीं दे रही है! तब मैंने प्रकाश संयोजन और पार्श्वध्वनि की सहायता से इसे सुलझाया।

समूचे नाटक में प्रकाश संयोजन नैचुरल है। उसमें इफेक्ट्स यानी अननैचुरल कुछ नहीं है। बस! इसी की सहायता से एकालाप का आरम्भ किया। काशीकर के अन्तिम वाक्य के साथ अँधेरा हो जाता है। और अब तक नाटक में जो अननैचुरल लाइटिंग नहीं थी वह छा जाती है। अकेली बेणारे प्रकाश के घेरे में दिखती है और बाकी पात्र अपनी-अपनी जगह फ्रीज़ हुए हैं। बारीकी से देखने पर पता चलता है कि प्रकाश में वे जैसे थे वैसे ही अब भी हैं। काशीकर घड़ी देख रहे हैं और बेणारे को घूर रहे हैं। दस सेकेण्ड की अवधि दिखाने हेतु अँधेरे के साथ-साथ घड़ी की टिक्-टिक् भी शुरू की गयी। एकालाप आरम्भ होते ही वह धीमे चलने लगती है। उसका एकालाप दो प्रकाश घेरों में दिखाया गया है। और एकालाप के समाप्त होते ही पुनः नैचुरल प्रकाश संयोजन पूर्ववत् हो जाता है। बेणारे कठघरे में बेजान-सी पड़ी है। काशीकर घड़ी देखते हैं। घड़ी की टिक्-टिक् सुनायी देती है। 'टाइम इज़ अप!' वे कहते हैं। नाटक पुनः रियलिस्टिक स्तर पर आता है। काशीकर सज़ा फरमाते हैं। उस वक़्त उनके पार्श्व की लाल लाइट से काशीकर का साया बेणारे पर लाया गया है—बेणारे का पूरी तरह से ख़त्म होना दिखाने हेतु!

बाहर की आवाज़ें...सभी का होश में आना...और जो हुआ उसके दर्शन से बेहद डर जाना, क्योंकि वे सब डरपोक हैं। अपने किये शिकार को देखने तक की ताक़त उनमें नहीं है। बिल्कुल छोटे लोग हैं ये। बर्बादी से डरने वाले। झेल न सकने वाले लोग और इसीलिए नाटक का शेष भाग खुसर-फुसर के रूप में हुआ। गिरी आवाज़ में अपराधी भाव भरे स्वर में...'आफ़्टर ऑल दिस वॉज़ जस्ट ए गेम' यह वाक्य उच्चारते हुए भी अपराध भाव और सब चले जाते हैं।

रंगमंच पर हैं सिर्फ़ बेणारे और सामन्त। सामन्त को कुछ सूझता नहीं। उसे लगता है कि हिम्मत से परिस्थिति सँभालूँ। पर कर नहीं पाता। वह भी अति सामान्य है लेकिन इन्सानियत है उसमें। उसे लगता है कुछ करके अलग सिद्ध करूँ खुद को, पर उससे होता नहीं। वह एक ही बात कर सकता है, करता है—पहले अंक में बेणारे ने जिस तोते को 'फाइन' कहा था वह तोता वह उसके पास छोड़ जाता है। 'चिड़िया से फिर तोता कहे, क्यों आँखें तेरी नम हैं' गीत के साथ पर्दा गिरता है। यही गीत पहले अंक में बेणारे ने मज़े में गाया था।

—अरविन्द देशपाण्डे

('बागेश्री' वार्षिकी 1970 में प्रकाशित)

पहला अंक

[प्रकाश फैलता है और दिखता है एक उज्जड़-सा हॉल। दो दरवाज़े हैं। एक दरवाज़ा बाहर से आने के लिए और दूसरा बगल वाले कमरे में जाने के लिए। हॉल की एक दीवार बायीं तरफ़ विंग में भीतर तक गयी जैसी है। हॉल में एक मंच है। दो-चार पुरानी कुर्सियाँ, एक बक्सा, एक स्टूल और ढेर सारा रद्दी सामान बिखरा पड़ा है। दीवार पर एक बन्द घड़ी है। कुछ नेताओं की पुरानी तसवीरें टँगी हैं। चन्दा देने वालों के नामों का लकड़ी का बोर्ड है। दरवाज़े पर गणेश जी का चित्र है। दरवाज़ा बन्द है।

बाहर चहलक़दमी की आवाज़ें! दरवाज़े की कुण्डी बाहर से खोलकर एक व्यक्ति हॉल में कुछ भीतर आकर हॉल देख रहा है जैसे कि पहली बार देख रहा हो। यह सामन्त नाम का व्यक्ति है। हाथ में ताला-चाभी है। एक हाथ में खिलौने वाला हरे कपड़े से बना तोता है और एक पुस्तक।]

सामन्त : *(देखते हुए)* यही है वह हॉल। आइए, लगता है आज सुबह ही सफ़ाई की गयी है। आज कार्यक्रम है इसलिए!

[सुश्री बेणारे उसके पीछे आकर दरवाज़े के पास खड़ी हैं। होंठों में उँगली। हाथ में सामान भरा बास्केट और मनिपर्स है]

सामन्त : क्या हुआ? साँकल खींचते हुई उँगली फँसी? इन पुरानी साँकलों की यही मुसीबत है। सीधे खुलती ही नहीं। ज़रा इधर-उधर हुई और कुण्डी ठीक से हटायी नहीं गयी तो

बस! बताइए क्या होगा? अजी दरवाज़ा भीतर से बन्द कर लिया तो काम ख़त्म। बाहर से कुण्डी खिसक कर दरवाज़ा बन्द हो गया ही समझो! हँ! उँगली तनिक मुँह में दबाकर रखिए! आराम मिलेगा। एक बार मेरे दायें हाथ की उँगली ऐसे ही फँस गयी थी साँकल में। फिर क्या! अँगूठा और उँगली में अन्तर ही नहीं रहा। ऐसी सूजन चढ़ी कि बाप रे बाप! पाँच दिन तक!

बेणारे : अं नहीं-नहीं! ऐसा कुछ नहीं। मेरी आदत है यह। मुझे बेहद अच्छा लग रहा है यहाँ! सभी के साथ स्टेशन पर उतरी न तब से! बहुत दिनों के बाद सहसा इतना अच्छा लगने लगा मुझे।

सामन्त : क्यों?

बेणारे : क्या पता! और आपके साथ यहाँ आते हुए और अच्छा लगा। ठीक ही हुआ कि वे सब पीछे रह गये। हम कितने तेज़ चलकर आये यहाँ। है न?

सामन्त : हाँ तो! यानी मुझे इतना तेज़ चलने की आदत नहीं है। आप काफ़ी तेज़ चलती हैं।

बेणारे : मैं हमेशा ऐसे नहीं चलती। लेकिन आज चली। लगा कि सब को पीछे छोड़ दूँ और आपके साथ दूर कहीं...दूर चलती जाऊँ।

सामन्त : (*हड़बड़ाकर*) मेरे साथ?

बेणारे : यस! आप मुझे अच्छे लगते हैं।

समान्त : (*शरमाकर, संकोच से*) क्यूँ! ऐसे कैसे? हम... हम तो यूँ ही...

बेणारे : आप बहुत अच्छे हैं और सच कहूँ आप मासूम और भलेमानस हैं।

सामन्त : (*अविश्वास से*) मैं?

बेणारे : हाँ आप! और-और यह हॉल भी मुझे अच्छा लग रहा है। (*हॉल में घूमती है।*)

सामन्त : हॉल भी? वैसे यह हॉल पुराना है। गाँव में कुछ प्रोग्राम हो तो यहीं होता है। प्रोग्राम्स के लिए ही है यह हॉल! भाषण, स्वागत समारोह, विवाह और तो और गाँव की

औरतों की भजन-मण्डली दोपहर में यहीं प्रैक्टिस करती है। आज रात यहाँ प्रोग्राम है सो आज भजन-कीर्तन बन्द। रात का प्रोग्राम मतलब औरतों के दिन के भजन कार्यक्रम के लिए छुट्टी! कहिए क्यों? वरना रात के काम जल्दी-जल्दी निबटायेंगी कैसे?

बेणारे : (*जिज्ञासु सजगता से*) आपकी पत्नी भी हैं क्या इस भजन-संकीर्तन मण्डली में?

सामन्त : अँ? ग़लत। पत्नी नहीं भाभी हैं। मेरी पत्नी है ही नहीं?

बेणारे : (*उसके हाथ के हरे कपड़े के तोते की ओर निर्देश करते हुए*) फिर यह किसके लिए?

सामन्त : यह? भतीजे के लिए। बेहद प्यारा बच्चा है वह! आपको यह खिलौना पसन्द आया?

बेणारे : हाँ।

सामन्त : यानी मेरी शादी हुई ही नहीं! वैसा कोई ख़ास कारण नहीं। पर नहीं हुई। नौकरी भी है मेरी! पेट भर कमाता हूँ। ...तो यहाँ कुछ दिन पहले जादू का खेल हुआ था। नज़रबन्दी, मोहिनी विद्या, आदि।

बेणारे : आपने देखा था?

सामन्त : हाँ तो! मैं हर प्रोग्राम देखता हूँ।

बेणारे : हाँ?

सामन्त : हाँ जी। एक भी प्रोग्राम टालता नहीं मैं। वरना यहाँ है ही क्या मनोरंजन के लिए।

बेणारे : सच! (*उसके नज़दीक जाकर उसे भरोसा दिलाते हुए*) आपने जादू नज़दीक से देखा?

सामन्त : हाँ! मतलब ज़्यादा नज़दीक नहीं था...पर...वैसे नज़दीक ही था।

बेणारे : (*नज़दीकी क़ायम रखते हुए*) वह ज़बान काटकर फिर कैसे जोड़ते हैं?

सामन्त : (*ज़रा दूर खिसककर*) ज़बान न? यानी ज़बान न? कह नहीं सकता! कहना नहीं आयेगा...

बेणारे : फिर भी कहिए न!

सामन्त : अँ? लेकिन...

[वह फिर उसके नज़दीक जाती है। वह सकुचाकर दूर खिसकता है।]

उसका क्या है कि...हाँ कोशिश करता हूँ! नहीं आ सकता। फिर भी...देखिए यह ज़बान है। (*उँगली दिखाता है।*)

बेणारे : देखूँ।

[इस बहाने उसके और नज़दीक जाती है। पल-दो पल उसके होने का एहसास बेणारे को होता है पर उसे नहीं होता]

सामन्त : (*तल्लीनता से*) हाँ यह ज़बान...यह मरोड़ी। क्या होगा? ख़ून निकलेगा। लेकिन नहीं निकलता। मोहिनी विद्या में ऐसा कुछ हो सकता है। इसलिए ख़ून नहीं निकलता होगा। कुछ भी नहीं होता। बिल्कुल नहीं। दुखता तक नहीं। तो...

[उसकी मासूमियत की प्रतिक्रिया स्वरूप शायद, लेकिन वह उससे दूर जाती है।]

बेणारे : अभी तक क्यों नहीं पहुँचे वे लोग? आते होंगे टहलते, झूमते-झामते। वैसे फुर्तीला होना चाहिए सबको!

सामन्त : हाँ तो मैं जिह्वा...ज़बान के बारे में कह रहा था...मोहिनी विद्या...

बेणारे : स्कूल का पहला घण्टा बजते ही मैं स्कूल में पहुँच जाती हूँ। पिछले आठ वर्षों में इस सन्दर्भ में किसी से कुछ डाँट पड़ी नहीं है मुझे! पढ़ाने के मामले में भी नहीं! मेरा पोर्शन कभी का पूरा हो जाता है। बच्चों के नोटबुक्स भी समय के पहले जाँचकर तैयार। मैं किसी को कुछ कहने का मौक़ा ही नहीं देती।

सामन्त : मास्टरनी हैं आप?

बेणारे : नहीं! टीचर हूँ। मास्टरनी लगती हूँ क्या?

सामन्त : नहीं-नहीं। उस अर्थ से नहीं कहा था मैंने!

बेणारे : कोई बात नहीं। चाहे जैसे कहिए।

सामन्त : लेकिन मेरे कहने का मतलब वह नहीं था। बच्चों को पढ़ाती हैं इस अर्थ से कहा था...

बेणारे : बड़े लोगों से बच्चे अच्छे! कम-से-कम ज़्यादा होशियारी, अन्धा घमण्ड, ग़लतफ़हमियाँ तो नहीं होतीं उनके दिमाग़ में। नोचकर, ख़ून बहाकर कायर की तरह भाग तो नहीं जाते वे। वह खिड़की खोलिए...मुझे गर्मी लग रही है...

[वह तत्परता से खिड़की खोलता है। बेणारे गहरी साँस लेती है।]

हाँ अब ठीक लग रहा है। नहीं! अच्छा बहुत अच्छा लग रहा है।

[हॉल में चक्कर काटने लगती है।]

सामन्त : वह ज़बान वाला किस्सा—पूरा करूँ? मोहिनी विद्या? (*उँगली आगे कर*) हाँ देखिए। यह ज़बान...यह काटी

बेणारे : नहीं। बस हुआ!

सामन्त : (*आज्ञाकारी बन*) ठीक है। (*हाथ नीचे करता है फिर सहसा एक कुर्सी लाकर उसके पास रखता है*) आप टहल क्यों रही हैं? बैठिए न आराम से! वरना पैर दुखेंगे!

बेणारे : मुझे आदत है खड़ा रहकर पढ़ाने की! क्लास में कभी बैठकर नहीं पढ़ाती मैं! इसी से पूरी क्लास पर नज़र रहती है मेरी! कोई मिस्चीफ़ नहीं कर सकता! क्लास पर मेरा क़ाबू रहता है और मेरे प्रति उन्हें श्रद्धा रहती है। मेरे लिए मेरे छात्र कुछ भी कर सकते हैं। क्योंकि मैं ख़ून-पसीना एक कर उन्हें पढ़ाती हूँ। (*स्वर बदलकर*) इसीलिए मुझसे ईर्ष्या करते हैं कई लोग—ख़ासकर दूसरी मास्टरनियाँ और स्कूल चलाने वाले मालिक लोग! लेकिन वे क्या कर लेंगे मेरा? हाँ! इंक्वायरी कर रहे हैं। मेरे पढ़ाने के काम में तो मैं कोई कसर नहीं रखती। जी-जान से ख़ून-पसीना एक कर पढ़ाती हूँ। मात्र एक आरोप सिद्ध हुआ तो भी क्या कर लेंगे वे? निकाल देंगे नौकरी से? निकालने दो। मैंने किसी का बुरा नहीं किया। किसी का भी नहीं। यदि मैंने बुरा किया है तो खुद का ही। अपना ही! लेकिन यह कोई वजह है यह आरोप कैसे? मैं अपने बारे में क्या करूँ—क्या नहीं करूँ इसको तय करने वाले वे कौन होते हैं? मेरी ज़िन्दगी मेरी अपनी

है। नौकरी की ख़ातिर मैंने अपनी ज़िन्दगी उन्हें बेची नहीं है। यह मेरी मर्ज़ी है। मेरी इच्छा मेरी है। उसे कोई मार नहीं सकता। कोई भी नहीं। मैं अपनी ज़िन्दगी के साथ कुछ भी करूँगी! मैं तय करूँगी अपने बारे में...

[सहसा पेडू पर हाथ रखती है। कनखियों से सामन्त पर नज़र जाते ही चुप होती है। धीरे-धीरे सँभल जाती है। सामन्त नासमझी में।]

सामन्त : (*संकोच, नासमझी में*) मैं देखकर आऊँ कि क्यों नहीं आये बाक़ी लोग अब तक?

बेणारे : (*झट से*) नहीं! (*नॉर्मल होते हुए*) मुझे अकेले में डर लगता है।

सामन्त : ठीक है। फिर नहीं जाता। आप ठीक तो हैं?

बेणारे : (*ज़बर्दस्ती चुस्त होते हुए*) हाँ हाँ—मुझे बिल्कुल कुछ नहीं हुआ है। आय एम फाइन! फाइन!

[हलके से तालियाँ बजाते हुए अंग्रेज़ी गीत गुनगुनाने लगती है मानो स्वयं को सुना रही हो।]

ओ आय हैव गॉट अ स्वीटहार्ट
हू कैरीज ऑल माय बुक्स
ही प्लेज़ इन माय डॉल्स हाउस
ही सेज़, ही लाइक्स माय लुक्स
आय विल टेल यू ए सीक्रेट :
ही वॉन्ट्स टू मैरी मी,
बट ममी सेज़, आय एम टू लिटिल
टू हैव सच थॉट्स इन मी...

जाने दो यह! पता है हम आज क्या करने वाले हैं? क्या नाम है आपका?

सामन्त : सामन्त।

बेणारे : हाँ वही!

सामन्त : मन्दिर के पास बड़ा-सा बैनर लगा है...
'सोनार मोती' मुम्बई की जागृति सभा प्रस्तुत करने जा रही है—'अभिरूप न्याय...अं...न्याय हाँ—न्यायालय...' रात के ठीक आठ बजे!

बेणारे : यानी क्या?

सामन्त : वह कुछ पता नहीं जी! कुछ तो भी अदालत का...

बेणारे : एकदम सही! यानी असली कोर्ट नहीं। नक़ली झूठ-मूठ की अदालत...

सामन्त : यानी मज़ेदार अदालत, है न?

बेणारे : वही तो। लेकिन सामन्त, हमारे कार्यक्रम का उद्‌बोधन करना, शिक्षा देना यह भी एक उद्देश्य रहता है और यह प्रधान उद्देश्य रहता है। हमारे अध्यक्ष काशीकर आपसे यही कहेंगे। महत् उद्देश्य के बगैर वे किसी बात का आरम्भ ही नहीं करते। और दूसरी हैं 'मिसेज़ झूले की डोर!' यानी मिसेज़ काशीकर! आदर्श नारी है बिचारी! 'जिसके हाथ में पलने की डोर'। बिल्कुल वैसी! समाज सेवा से जगत् कल्याण में 'मिस्टर काशीकर हेतु' रत होने के कारण बेचारी डोर बिना पालने के ही रह गयी!

सामन्त : (*दोनों हाथों का झूला बनाकर*) यानी कि... उनके 'यह' नहीं है?

बेणारे : राइट! यानी आप काफ़ी होशियार हैं! मिस्टर काशीकर और उनकी झूले की डोर दोनों ने अपने खाली घर में दोनों के साथ कुछ बुरा न हो या ऊब जाने से जान पर कुछ आँच न आये इसलिए एक लड़के को पाला-पोसा। उसे पढ़ाया। उससे काम करवाया! उसे बेबस बनाया! उसका नाम बालू रोकडे और तो और हमारे इस ग्रुप में वह एक विधिज्ञ है। कानून इतना जानते हैं कि बाप रे बाप। यानी मजबूरी में भी कोई मुव्वकिल उनसे सलाह लेने नहीं जाता। कोर्ट में अकेले बैठे-बैठे अपने कानूनी ज्ञान से बार रूम की मक्खियाँ मारते रहते हैं। और चाल में के अपने घर में अकेले बैठकर घर की मक्खियाँ मारते हैं। आज की इस नक़ली अदालत में वे बहुत बड़े वकील हैं। हँ! देखेंगे ही आप उनके कारनामे। वीरता! और एक (*मुँह में सिगार का पाइप पकड़ने की नक़ल उतारते हुए*) साइंटिस्ट है! इंटर फेल!

सामन्त : फिर तो मज़ा आयेगा।

बेणारे : और एक महाज्ञानी पण्डित! इंटलेक्चुअल भी हैं लेकिन वे आज नहीं आये हैं। वे यानी अपने किताबी ज्ञान का ढिंढोरा पीटने वाले लेकिन ऐन समय पर दुम दबाकर भाग जाने वाले! आज वे बिल्कुल नहीं आयेंगे। उनकी हिम्मत ही नहीं है आने की।

सामन्त : लेकिन आज का मुकदमा किस बात पर चलेगा?

बेणारे : अण्वस्त्र निर्मिति के कारण प्रेसीडेंट जॉनसन पर मुकदमा दायर किया जाने वाला है आज।

सामन्त : उफ़्।

बेणारे : श्श...चुप...शायद सभी आये हैं।

(उसे कुछ सूझता है) आप आइए इधर। आइए तो। हाँ ऐसे छुप जाइए ठीक से। मैं भी छुप जाती हूँ। हँ। अब आने दीजिए उन्हें।

[सामन्त और बेणारे बाहर खुलने वाले दरवाज़े के पीछे छिप जाते हैं। एक-दूसरे का स्पर्श हो रहा है।

हिअर इट इज़! मिल गया! कहते हुए वकील सुखात्मे, विज्ञान के अध्येता पोंक्षे दो-तीन बड़े-से बक्से, दो थैलियाँ, माइक्रोफ़ोन का सेट आदि ढेर सारा सामान लेकर आते हैं। 'नक़ली अदालत' में चपरासी का काम करने वाला रोकडे भी आता है। सुखात्मे बीड़ी पी रहा है। पोंक्षे पाइप मुँह में पकड़े हुए है। उनके पीछे अदालत के दो कठघरे लेकर नौकर आता है। उनके आते ही बेणारे सामन्त के साथ झट से दरवाज़े की ओट से निकलकर सबको चौंकाने हेतु ज़ोर से 'भौं' चिल्लाती हुई आती है। सभी पलभर के लिए डर जाते हैं फिर सँभल जाते हैं। बेणारे खिलखिलाकर हँसती है। सामन्त यह सब अचरज से, कुतूहल से देखता है।]

रोकडे : *(सामान एक जगह पर रखते हुए)* इतनी ज़ोर से, बेणारे मैडम! ये सब नीचे गिर जाता ना! और मुझे यूँ ही काशीकर मैडम की डाँट खानी पड़ती। कुछ भी हो वे मुझे डाँटती ही रहती हैं। उनका आश्रित हूँ न! उनके कारण पढ़ा-लिखा। सो अब भुगत रहा हूँ। अपने करमों के फल!

[चैन की साँस लेता है। नौकर बायीं तरफ़ की विंग में सामान रखकर आते हैं। पोंक्षे उन्हें मज़दूरी देता है। नौकर बाहर चला जाता है।]

पोंक्षे : (*मोटी-सी ऐनक उतारकर रखते हुए*) ओ गॉश! कहाँ है? (*बुदबुदाता भीतर जाता है।*)

सुखात्मे : (*लम्बा कश खींचकर*) एक बच्ची है मेरे मन में छिपकर बैठी हुए! मैडम कुछ भी कहिए आप प्रौढ़ होने को तैयार नहीं। है न?

बेणारे : क्यों? क्लास रूम में मैं गम्भीर ही होती हूँ। और मैं कहती हूँ क्यों हर वक़्त लोगों को चौकोर या लम्बा चेहरा बनाकर ही जीना चाहिए? उस पोंक्षे की तरह! हँसें, खेलें, गायें और सम्भव हो, अवसर हो, मन हो तो नाचे भी। उसमें संकोच क्यों हो? और किसी की परवाह क्यों की जाये? सच कहती हूँ अपनी ज़िन्दगी ख़त्म हुई तो कोई अपनी ज़िन्दगी हमें देने आयेगा क्या? क्यों सामन्त? आयेगा क्या कोई?

सामन्त : यह बात सोलह आने सच है। तुकाराम महाराज कह गये हैं न...शायद वही...उन्होंने ही कहा है...

बेणारे : तुकाराम महाराज की बात रहने दीजिए। मैं—मैं लीला बेणारे कहती हूँ—एक ज़िन्दा औरत कहती है—अनुभव के आधार पर...कि ज़िन्दगी किसी और के लिए नहीं होती! वह सिर्फ़ अपनी खुद की होती है और होनी भी चाहिए। वह बहुत क़ीमती होती है। हर पल...हर लम्हा क़ीमती होता है...अमूल्य!

सुखात्मे : (*तालियाँ बजाते हुए*) हिअर। हिअर। (*भीतर से पोंक्षे आता है।*)

बेणारे : हिअर नहीं (*पोंक्षे की ओर निर्देश करते हुए*) देअर! (*दबी हँसी हँसती है।*)

पोंक्षे : (*नासमझी से*) क्या हुआ?

बेणारे : पोंक्षे, कसम से कहिए, कार्यक्रम के पहले आने वाले नर्वसनेस का इलाज ढूँढने आप भीतर गये थे न? करेक्ट?

सुखात्मे : कुछ भी कहिए मैडम! अपनी सभा में साक्षी के कठघरे में वैज्ञानिक के रूप में पोंक्षे एकदम इंप्रेसिव लगते हैं! वह पाइप! वाह! हाँ यह बात अलग है कि हमारे इस वैज्ञानिक ने इंटर साइंस में वन्समोर लिया है। और फ़िलहाल में सी.टी.ओ. में क्लर्क हैं। किसी को इस बात का यक़ीन ही नहीं आयेगा। (*रोकडे हँसी रोक नहीं पाता, हँस देता है।*)

पोंक्षे : (*नर्वस होते हुए*) हँस मत रोकडे! मैं तुम्हारी तरह काशीकर मैडम के टुकड़ों पर नहीं पला। हूँ मैं इंटर फेल लेकिन अपने बाप के पैसों से। नॉनसेन्स!

बेणारे : (*उसी की अदा में*) नॉनसेन्स! (*कहकर हँसती है।*) हाँ तो लोगों, मैं आपको एक मज़ेदार किस्सा बताऊँ? अं? जब मैं छोटी थी तो बिल्कुल बात नहीं करती थी। मैं बहुत तय करती थी यह कहूँ...वह कहूँ—मन में ही। किसी से कहती नहीं थी। और कुछ भी हो ज़ोर-ज़ोर से रोने लगती थी।

पोंक्षे : यानी अभी जैसी हैं उसके ठीक विपरीत!

बेणारे : हाँ जी। आपको पता है सामन्त?

सामन्त : (*झट से*) हाँ...यानी नहीं होगा...नहीं है।

बेणारे : मैं अपनी हर किताब को कवर चढ़ाकर स्कूल के पहले दिन हर किताब के पहले पन्ने पर बढ़िया, ख़ूबसूरत लिखावट में फूल-पत्तियों के साथ लिखा करती थी...द ग्रास इज़ ग्रीन...द रोज़ इज़ रेड...दिस बुक इज माइन... टिल आय एम डेड! टिल आय एम डेड।...अब बताइए आगे क्या हुआ?

सामन्त : क्या हुआ?

बेणारे : एक-एक पुस्तक फट गयी...पता नहीं कहाँ गयी वे फटी हुई पुस्तकें...और मैं हूँ। आय एम नॉट डेड। नॉट डेड। द ग्रास इज़ स्टिल ग्रीन...द रोज़ इज़ स्टिल रेड...बट आय एम नॉट डेड...(*हँसती जाती है।*)

रोकडे : (*थैली में से नोटबुक निकालकर लिखने लगता है।*) बढ़िया है। ...द ग्रास इज़...ग्रीन...द रोज़ इज़...रेड...और आगे क्या है बेणारे मैडम?

बेणारे : (*खीजकर*) रोकडे, यह ग़लत आदत है। मैं क्लास में हमेशा छात्राओं से कहती हूँ—अधूरा सुनकर लिख लेने की जल्दी मत करो। पहले ठीक से सुन तो लो! ठीक से। अपने आपको तादात्म्य कर भीतर पहुँचाओ जो सुना है वह। तब वह रहेगा...ख़ून में बहना चाहिए वह। तभी टिकेगा। फिर उसे कोई हटा नहीं पायेगा। फिर वह भूला नहीं जायेगा।

सामन्त : हमारे मास्टर जी भी ऐसा ही कहते थे। 'मन के श्लोक' उन्होंने इसी तरह पढ़ाये थे...यानी ख़ून में बहाने वाली बात नहीं कही थी।

सुखात्मे : बेणारे मैडम आप कहती रहिए।

बेणारे : (*उत्साह से*) एक कहानी कहूँ? बच्चों, बैठ जाओ! एक था भेड़िया...

रोकडे : (*पालथी मारकर बैठता है।*) हाँ मैडम हो जाने दो। बैठिए, सुखात्मे साहब। पोंक्षे बैठ जाओ। (*पोंक्षे नाराज़गी से बाहर चला जाता है।*)

बेणारे : नहीं। मैं कविता ही कहती हूँ...

अपने पाँव चलते जाते हैं अज्ञात मुसीबतों की राह
लहर के बाद लहर बिफर जाती है
अँधी लहरें एक के बाद एक।
पुनः पुनः जगमगाकर उजियारा
समा जाता है अँधियारे में लगातार
बुझी-बुझी सी अपनी ही हथेलियाँ मिट्टी की
जलती जाती हैं हर पल हरदम
पता होता है सबकुछ...दिखता रहता है सबकुछ
रिसते जाने के लिए ही होते हैं ज़ख़्म
अक्सर ईमानदारी से रिसते चले जाते हैं
ऐसी एक-आध लड़ाई होती है
जिसका अन्त सिर्फ़ हार होता है!
व्यर्थ गँवाने के लिए ही लेने होते हैं
ऐसे अनुभव अक्सर कई...

(*बीच में ही कविता अधूरी छोड़कर*) रहने दीजिए—मैं

गाना ही गाती हूँ।
बम्बई का बूढ़ा...अलाव सेंकने आया...
अलाव सेंकने आया बम्बई का बूढ़ा...
बम्बई का बूढ़ा...
बुड्ढ़े की बुढ़िया...
बुढ़िया का लड़का...लड़के की दाई
दाई का दूल्हा...

[सुखात्मे कुर्सी में...सामन्त उत्सुकता से...बेणारे के इस गाने को सभी ताल देते हैं–सुखात्मे आरती के समय बजायी जाने वाली तालियाँ बजाकर...प्रयोगशील नाटककार कर्णिक आता है पान चबाते हुए]

कर्णिक : (*आते ही*) ठीक पहुँचा। मुझे लगा ग़लत जगह जा रहा हूँ शायद। (*सब की ओर ध्यान जाने पर*) क्या हुआ?

रोकडे : अँ? सब मिट्टी में मिला...

सुखात्मे : बेणारे गा रही थी। (*व्यंग्य से*) बहुत बढ़िया! मीठी आवाज़ में।

[बेणारे जिह्वा दिखाकर 'समझी' के अर्थ में हँसती है। कर्णिक हॉल का मुआयना करता है। रोकडे खड़ा हो जाता है।]

सुखात्मे : (*वकीली स्वर में–*) मिस्टर कर्णिक! वन मिनट! इस वक़्त आपके मन में क्या चल रहा है वह बिल्कुल सही-सही बताऊँ? इंटिमेट थिएटर उर्फ़ प्रेक्षकों के सिर पर से फिसल जाने वाले आपके वैसे नाटकों के लिए यह हॉल बिल्कुल ठीक है। यही न? बताइए तो!

कर्णिक : (*आराम से पान चबाते हुए*) (*जानबूझकर*) नहीं! मैं मन में सोच रहा था असली अदालत भी फीकी पड़ेगी यह हॉल इतना सही है।

बेणारे : अय्या! तो फिर बढ़िया! आज की अपनी नक़ली अदालत एकदम रंग लायेगी। सचमुच की अदालत!

रोकडे : (*चिन्ता से*) लेकिन काशीकर मैडम कहाँ है?

कर्णिक : (*पान चबाते हुए*) आ रही हैं। रास्ते में मिस्टर काशीकर उनके लिए फूलों का गजरा ख़रीद रहे थे। मैं आगे

निकल आया। पान ख़रीदकर! रोकडे, माइक की बैटरी का सेल ठीक है न? टैस्ट कर लो। वरना ऐन समय पर रात में फजीहत! ऐसी परेशानियाँ नहीं होनी चाहिए! पर वे होती हैं। पिछले महीने में हमारे शो में फ़्यूज उड़ गया। मैं ही स्टेज पर था। कैरेक्टर छोटा हुआ तो क्या हुआ! निभाया जैसे-तैसे!

रोकडे : मामूली नाटक तो था गणेशोत्सव में खेला जाने वाला!

कर्णिक : लेकिन मूड बिगड़ गया।

बेणारे : (*जम्हाई लेकर, चिढ़ाने हेतु*) आपके कथन पर नहीं हँ। कर्णिक वह क्या है कि सुबह जल्दी उठना पड़ता है। हर रोज़! मार्निंग शिफ़्ट, आफ़्टरनून शिफ़्ट! शाम का ट्यूशन पढ़ाना!

हँ तो मैं क्या कह रही थी—मिस्टर एंड मिसेज़ काशीकर के बारे में एक बात आपको पता चली?

रोकड़े : (*अनजाने में चौंककर*) क्या?

पोंक्षे : (*भीतर आते हुए*) यस व्हाट?

सुखात्मे : मैं बताता हूँ...नहीं! आप ही बताइए!

लेट मी सी...कम ऑन...आउट विद इट...

बेणारे : सुखात्मे आपको कुछ भी पता नहीं है। यूँ ही जान गये-सा वकालत वाला रोब मत दिखाना—अपने मिस्टर काशीकर सोशल वर्कर हैं...और मिसेज़ काशीकर ऐसी ही...यानी कम पढ़ी-लिखी...हाँ लेकिन इसका मनुष्य के सयानेपन से वास्ता नहीं होता...लेकिन कम पढ़ी-लिखी होने पर भी...दोनों बड़े ही शौक़ीन हैं। यानी कि मिस्टर काशीकर मिसेज़ काशीकर के लिए गजरा ख़रीदेंगे। ...मिसेज़ काशीकर मिस्टर काशीकर के लिए बुश्शर्ट ख़रीदेंगी।...देखकर अच्छा लगता है...

[कार्णिक पीछे की खिड़की खोलकर थूककर मुँह खुला कर आता है।]

कर्णिक : मुझे तो पति-पत्नी में ऐसी फॉर्मेलिटीज़ दिखी तो कुछ अलग ही गन्ध आती है...लगता है दाल में काला...कुछ सस्पेंस है।

रोकडे : (*गुस्से से*) नव-नाटक का परिणाम।

कर्णिक : जो बात समझ के परे है उसमें तू बोला मत कर रोकडे! तू बच्चा है अभी! कॉलेज की पढ़ाई कर मैं अपने बारे में बात कर रहा था कि मैं अपनी बीबी के लिए कभी गजरा नहीं लाता। मन किया तो भी टालता हूँ।

[बेणारे अरे...रे... की आवाज़ से अफ़सोस ज़ाहिर करती है।]

बेणारे : मैं आप की जगह होती तो मेरी बीबी के लिए रोज़ गजरा लेकर गयी होती।

सुखात्मे : तो फिर जल्दी से अपने पतिदेव को बुश्शर्ट दिला दीजिए बेणारे जी! आय वंडर! बेचारा कैसा होगा वह? आपकी तरह बचपना होगा उसमें तो फिर सवाल ही खतऽऽम!

बेणारे : वह रहने दीजिए! (*सामन्त को ढूँढ़ती हुई*) क्या नाम बताया आपने? यहाँ दो-चार कुर्सियों का प्रबन्ध नहीं हो सकता?

सामन्त : कुर्सियाँ? अंऽऽ! मेरा नाम सामन्त है। (*उठकर इधर-उधर कुर्सियाँ ढूँढ़ता है।*) देखता हूँ। मैं भी क्या जानूँ? (*ढूँढ़ते हुए भीतर जाता है।*)

पोंक्षे : भीतर हैं फोल्डिंग चेयर्स! चाय चाहिए थी!

सुखात्मे : हमने स्टेशन पर पी ली! तब आपने मना किया! (*अब भुगतो वाले टोन में*)

पोंक्षे : लेकिन उस वक़्त मुझे नहीं पीनी थी। आप लोगों का सब कुछ पहले से ही लेकर रखना मुझे मंज़ूर नहीं। ये कोई लाइफ होती है? इस साइंस एज में सब कुछ कैसे चाहने पर जाने में कुछ और ही मज़ा है।
(*चुटकी बजाकर*) यूँ, ऐसे! लाइक दिस!

[सामन्त दोनों हाथों में जितनी कुर्सियाँ समा सकती हैं उतनी लेकर दरवाज़े पर खड़ा रहता है!]

सामन्त : (*कुर्सियाँ हॉल में रखकर*) और चाहिए तो हैं भीतर।

[कुर्सियाँ खोलकर हर कोई जहाँ सम्भव हो वहाँ बैठ जाता है। पोंक्षे स्टाइल से पाइप पीते हुए खड़ा ही रहता है।]

सामन्त : (*पोंक्षे के साहेबी रोब से दबकर*) सर, बैठिए न!

पोंक्षे : अं? (*'सर' सुनकर खुशी से*) नो थैंक्स!
ट्रेन में बैठे ही थे न! आपका नाम क्या है?

सामन्त : सामन्त! मैं यहीं का हूँ सर।

पोंक्षे : गुड! चाय का कुछ इन्तज़ाम हो सकता है क्या?

सामन्त : चाय का न? हाँ होगा न सर! लेकिन शक्कर की प्रॉब्लम आयेगी। शक्कर मिलती नहीं है न आजकल! गुड़ की चाय चलेगी तो...

पोंक्षे : नो! चाय में गुड़ पॉइज़नस होता है। आप शायद जानते नहीं मिस्टर सामन्त।

सामन्त : हमारे घर में सभी बड़े गुड़ की चाय ही पीते हैं। क्या करें। राशन में मिलने वाली शक्कर भाई के बच्चों के लिए ही कम पड़ती है। और वे शक्कर की चाय ही पीते हैं। क्या करें!

पोंक्षे : हँ।

बेणारे : (*जहाँ बैठी है वहाँ से*) एक था 'हँ'। एक थी 'उहूँ।'

पोंक्षे : मैडम जी बस! कितना बचपना करेंगी?

[सामन्त खड़ा है! श्री...श्रीमती काशीकर आते हैं।]

श्रीमती काशीकर : (*गजरा ठीक-ठाक करते हुए।*) देखिए! सभी तो हैं यहाँ!

सुखात्मे : आइए काशीकर जी! गजरा प्रोग्राम कैसा रहा?

[बेणारे सामन्त को इशारे से दोनों को दिखाती है।]

रोकडे : (*आगे आकर*) हाँ जी!

श्रीमती काशीकर : सारा सामान ठीक से लाये ना बालू?

रोकडे : एकदम ठीक से।

काशीकर : हर बार ऐसे ही कहता है तू रोकडे, लेकिन कुछ न कुछ भूल जाता है; वह चोबदार का डण्डा लाया? खाली गर्दन मत घुमा। दिखा मुझे।

रोकडे : (*दिखाता है*) यह देखिए! (*दीनता से*) ड्रेस भी है। कभी-कभार भूलता हूँ। हमेशा नहीं।

काशीकर : हमेशा का रहने दे! आज है न सब ठीक? वरना फजीहत होगी। मेरा विग? यानी जज का विग? लाया?

रोकडे : हाँ तो! सबसे पहले वही रखा सामान में।

[रोकडे अधिक ही दीन और मस्त]

काशीकर : सुखात्मे, आप वकील का गाउन लाये न?

सुखात्मे : (*अदालती अदा से झुककर*) यस योर ऑनर! वह तो मैं सपने में भी नहीं भूलता! आपका क्या है पोंक्षे?

पोंक्षे : वेल! मैं बिल्कुल तैयार हूँ! कुछ नहीं भूला। वैसे मैं ज़रा नर्वस टेंपरामेंट का हूँ न! पाइप ना रहे तो विटनेस बॉक्स में कुछ याद नहीं आता मुझे!

श्रीमती काशीकर : आज मैं पहले ही आपसे थोड़ा रिहर्सल करवाऊँगी!

पोंक्षे : उसकी ज़रूरत नहीं।

श्रीमती काशीकर : क्यों बेणारे? (*गजरा ठीक करते हुए*) तुम्हारे लिए भी गजरा लेने वाली थी मैं...

बेणारे : (*पोंक्षे की अदा में*)—हूँ!

[पोंक्षे गुस्से से होंठ भींचता है।]

श्रीमती काशीकर : (*मिस्टर काशीकर से*) है ना जी?
लेकिन उसका यह हुआ कि...

बेणारे : (*खिलखिलाकर*) गजरा उड़ गया। भुर्रर! या कौवा ले गया? गजरा मुझे बिल्कुल नहीं पसन्द! वरना मैं ख़रीदती हमेशा! मैं कमाती हूँ। ख़रीद सकती हूँ! लेकिन मुझे लगता ही नहीं कि मैं गजरा ख़रीदूँ...

[बेणारे सभी को श्रीमती काशीकर की लायी हुई बटाटा (आलू) टिकिया देती है...]

श्रीमती काशीकर : अच्छा, तो स्कूल क्या कहता है तुम्हारा?

बेणारे : (*चौकन्नी होकर*) कुछ नहीं कहता!

काशीकर : मैं क्या कहता हूँ कि जज की सीट इस ओर रखें या उस ओर?

कर्णिक : बिल्कुल इस ओर ही! एंट्रेन्स वहाँ है। वह पड़ोस का रूम जज का रूम हो सकता है। यू कैन एंटर फ्रॉम देअर, प्रेसीडेंट जॉनसन इस ओर यहाँ खड़ा रहेगा!

सामन्त : (*अचरज से*) प्रेसीडेंट जॉनसन!

काशीकर : नहीं-नहीं! जॉनसन का कठघरा उस ओर उधर ही रखना चाहिए ताकि जज की हैसियत से बात करते हुए मुझे...

कर्णिक : मैं नहीं सहमत इससे! प्रेक्षकों की नज़र से तो वह यहीं पर चाहिए।

सुखात्मे : मिस्टर कर्णिक, प्रेक्षकों की नज़र से देखने के कारण मैं आपको प्रोसिक्यूट करूँगा। आप नव-नाटक वाले हैं। (*वकीली हँसी*)

कर्णिक : फिर वही! यह नव-नाटक क्या चीज़ है कोई बतायेगा भी मुझे? यूँ ही शब्द फेंकते हैं बिना जाने-समझे...हम वही करते हैं जो हमें भाता है। फिर वह नया है या पुराना नहीं सोचते!

[बहस शुरू हो जाती है।]

सामन्त : (*रोकडे से*) प्रेसीडेंट जॉनसन का क्या माजरा है?

रोकडे : (*चौंककर*) किसका?

सामन्त : वह जो कह रहे थे प्रेसीडेंट जॉनसन या...

रोकडे : वह!

सामन्त : यानी सचमुच प्रेसीडेंट जॉनसन यहाँ ...नहीं नहीं...वे नहीं होंगे ...फिर क्या है यह सब...

रोकडे : सच वाले थोड़े ही। वह यानी यह कर्णिक।

[उसने तू कहा था इसलिए रोकडे भी उसे यह कहता है।]

सामन्त : प्रेसीडेंट जॉनसन!

रोकडे : (*कुछ याद कर श्रीमती काशीकर से*) मैडम, लेकिन प्रो. दामले अभी तक नहीं आये हैं।

[श्रीमती काशीकर से बात करती बेणारे एकदम ख़ामोश बुत जैसी हो जाती है। वहाँ से खिसकती है तो ग़लती से पोंक्षे के पास जाती है। उससे यूँ ही ऊपरी तौर पर बतियाती रहती है लेकिन वह अनमना-सा]

श्रीमती काशीकर : अरे वे हमेशा की तरह देर से आयेंगे। हमारी गाड़ी से वे आ नहीं सकते थे। फ़ोन पर बताया था उन्होंने मुझे! वह यूनिवर्सिटी में कुछ सिंपोज़ियम या कुछ है न! उसमें व्यस्त हैं। मैंने दो बार उन्हें बताया था आने के लिए... बेणारे तुझसे मिले थे क्या?

बेणारे : (*पोंक्षे से बात करती हुई*) कौन?

श्रीमती काशीकर : प्रोफ़ेसर दामले?

बेणारे : नहीं तो!

[फिर पोंक्षे से बात करने लगती है। वह गुमसुम! रिस्पॉन्स नहीं देता।]

रोकडे : (*सामन्त से पूछकर श्रीमती काशीकर से*) पर मैडम अब गाड़ी रात के नौ बजे यहाँ पहुँचेगी–यह सामन्त कहता है। उस गाड़ी से तो लेट होंगे न?

पोंक्षे : (*बीच में ही*) उस...आपकी उस सहेली का क्या हुआ? वह मुसीबत में फँसी हुई...मुझसे शादी करने जिसे ढूँढ़ा था आपने वह...

[बेणारे परेशान! जल्दी-जल्दी सामन्त के पास जाती है।]

श्रीमती काशीकर : उसके पहले एक गाड़ी थी न?
(*काशीकर से*) अजी बालू कहता है बीच में कोई गाड़ी नहीं है।

काशीकर : (*कर्णिक के साथ की बहस रोकते हुए*) किसके बीच?

रोकडे : यानी कार्यक्रम के पहले पहुँचने वाली गाड़ी नहीं है। यह सामन्त कहता है।

सुखात्मे : कार्यक्रम ख़त्म होने पर है न? बस फिर क्या?

काशीकर : सुखात्मे प्रोफ़ेसर दामले पहुँचेंगे कैसे? वे लेट होंगे। बीच में गाड़ी नहीं है।

कर्णिक : तो फिर वे आयेंगे ही नहीं। मैं कहता हूँ। प्रोफ़ेसर दामले हिसाब के पक्के हैं। लेट होने वाले हैं तो वे आना ही रद्द कर देंगे और आराम से घर में रहेंगे।

रोकडे : मैडम (*टेंशन में*) मैंने सब को कार्ड भेजे थे। हमेशा की तरह! सभी के साथ उन्हें भी! पता भी ठीक से लिखा था। मेरा कोई कसूर नहीं है।

काशीकर : यह एक मुसीबत ही है।

सुखात्मे : उसमें कौन-सी बड़ी बात है? आप चिन्ता मत कीजिए।

काशीकर : चिन्ता क्यों न करूँ? वी ओ समथिंग टु द पीपल, सुखात्मे! कार्यक्रम यानी कोई मज़ाक नहीं!

पोंक्षे : (*काशीकर के पास आकर*) क्या हुआ?

श्रीमती काशीकर : (*सुखात्मे से*) अब आरोपी का वकील कौन?

सुखात्मे : डोंट वरी! आज के दिन मैं सरकारी वकील के साथ वह भी काम करूँगा। उसमें क्या है! मैं पक्का वकील हूँ। कोई कमी नहीं रहेगी। मुझ पर सौंप दीजिए। चिन्ता मत कीजिए।

कर्णिक : मेरी राय में वह ज़्यादा ड्रामेटिक होगा।

पोंक्षे : बिल्कुज (*पाइप से कश खींचता है।*)

बेणारे : बिल्कुल!

[पोंक्षे गुस्से से देखता है।]

रोकडे : (*सामने काग़ज़ रख उस पर लिखा पढ़ता है*) और चौथा साक्षी! सुखात्मे साहब! वह भी नहीं है! रावते फ्लू से बीमार है। हमने तय किया था कि यहीं से किसी को खड़ा करेंगे।...(*श्रीमती काशीकर की ओर देखकर सुधारता है।*)

हमने...मतलब आपने...

सुखात्मे : यहाँ का...यानी...

रोकडे : (*साहस से*) मैं करूँ वह रोल? मेरा मामूली काम कोई भी करेगा! मुझे तो लाइनें भी याद हैं...उस चौथे गवाह की लाइनें...

कर्णिक : आय अपोज़! चोबदार हुआ तो क्या! वह कैरेक्टर आसान नहीं है। लाइनें नहीं तो क्या! यूँ किसी को खड़ा कर नहीं होगा! रोकडे तेरा काम तू ही कर!

रोकडे : लेकिन एक दिन मैंने वह दूसरा रोल किया तो...क्या होगा?

काशीकर : नहीं...!

श्रीमती काशीकर : बालू जब वे मना कर रहे हैं तो मत कर (*बालू पीछे हटता है*) लेकिन चौथा गवाह कौन होगा?

सुखात्मे : (*सामन्त को घूरते हुए*) आय नो! यह देखिए चौथा गवाह। (*सामन्त की ओर निर्देश*)।

सामन्त : (*हड़बड़ाकर*) क्या हुआ?

पोंक्षे : (*पाइप का कश खींचते हुए*) नॉट बैड।

काशीकर : (*सामन्त से*) क्यों सामन्त! आपने कभी नाटक में काम किया है?

सामन्त : नहीं! कभी नहीं। क्यों? क्या हुआ?

श्रीमती काशीकर : आप चौथे गवाह होंगे? ऐ बेणारे! (*वह आती है।*) तुझे कैसे लगते हैं ये चौथे गवाह के रूप में?

बेणारे : ये न? नॉट बैड यानी बढ़िया लगते हैं!

[सामन्त सकुचाता है। बेणारे हँसती है।]

गवाह के रूप में कहती हूँ मैं! चौथा गवाह!

सुखात्मे : मिसेज़ काशीकर, कर्णिक, पोंक्षे डोंट वरी। मैंने कहा है न कि मैं सँभालूँगा। उसमें क्या! मैं तैयारी करा लूँगा। हाँ मिस्टर...आप कौन?

सामन्त : रघु सामन्त।

सुखात्मे : मिस्टर सामन्त, आज की हमारी इस नक़ली अदालत में हमने आपको चौथा साक्षी बनाया है।

सामन्त : (*उलझन में*) मुझे सचमुच कुछ पता नहीं है।

श्रीमती काशीकर : आपने अदालत देखी है?

सामन्त : ज़िन्दगी में कभी कहीं देखी।

कर्णिक : और नाटक?

सामन्त : बिल्कुल नहीं! ऐसा कोई नाटक यहाँ कभी खेला ही नहीं गया।

सुखात्मे : अच्छा ही हुआ कि इन्होंने कभी नाटक में अदालत नहीं देखी। कम-से-कम नाटकों की अदालत के बारे में इनकी राय ग़लत तो नहीं हो सकती।

कर्णिक : कुछ ही नाटकों की अदालत के बारे में...ऐसा कहिए।

सुखात्मे : मिस्टर सामन्त, मैं कार्यक्रम के पहले ही आपको एकदम सब समझा दूँगा! गवाह को पढ़ाना किसी वकील के लिए बायें हाथ का खेल है।

[हँ। हँ। हँ कर वकीली हँसी हँसता है।]

सामन्त : मुझे इन चीज़ों की आदत नहीं है और कोर्ट-कचहरी के नाम से ही डर लगता है।

श्रीमती काशीकर : मैं क्या कहती हूँ...सामन्त को लेकर हम एक रिहर्सल ही कर लेंगे न! (*काशीकर से*)
अजी सुनते हैं? (*उनका ध्यान नहीं है अतः बेणारे से*) क्यों बेणारे?

बेणारे : हाँ! मुझे किसी बात पर आपत्ति नहीं है। वैसे भी रात के कार्यक्रम तक क्या करें यह सवाल है ही और आज तो मैं पढ़ने के लिए किताब लाना ही भूल गयी।

सामन्त : मेरे पास हैं किताबें! चाहें तो दूँ? सूर्यकान्त फातरफेकर का नया एक सौ पाँचवाँ उपन्यास भी है।
यह देखिए (*निकाल कर दिखाता है*) काफ़ी अच्छे होते हैं उनके उपन्यास।

बेणारे : नहीं

सुखात्मे : क़सम लेने बाइबल और गीता हैं हमारे पास। पढ़ने के लिए चाहिए आपको इसीलिए सुझाता हूँ। क्यों रोकडे? बाइबल और गीता लाये हो न? या भूल गये?

रोकडे : (*दुखी होकर*) नहीं! हाँ हैं। चाहे तो दिखाता हूँ। (*पर दिखाता नहीं। दिखाने-ढूँढ़ने का नाटक करता है।*)

बेणारे : अभी ये पढ़ने की आयु नहीं हुई है मेरी वकील साहब!

काशीकर : फिर क्या 'रमणीय कथा' जैसी पत्रिकाएँ पढ़ती हैं आप, है न? हमारी श्रीमती जी पढ़ती हैं इसलिए पूछ रहा हूँ! मज़ेदार होती हैं। पर क्या करें? हमारे सोशल वर्क में सिवाय उसके सीन देखने के अलावा और पढ़ने के लिए समय कहाँ मिलता है हमें?

श्रीमती काशीकर : (*लजाकर*) ई ई...। कुछ भी!

काशीकर : (*क्रोध से*) उसमें शऽऽ करने लायक क्या है? कुछ झूठ कहा मैंने?

[श्रीमती काशीकर का चेहरा उतर जाता है।]

कर्णिक : रिहर्सल का आइडिया मुझे पसन्द है। सिर्फ़ कोई सिगार के चार-पाँच पैकेट ला दे तो बहुत अच्छा होगा। बीच में बाहर जाकर लाने का झंझट न रहे।

पोंक्षे : (*पाइप का कश खींचते हुए*) आई डोंट माइंड!

सामन्त : (*रोकडे से*) तो फिर ठीक है। वह क्या है कि पहले से ही सब देखा-सुना होगा तो फिर संकोच नहीं होगा। क्यों?

[रोकडे कोई रिस्पॉन्स नहीं देता]

बेणारे : मैं कुछ कहूँ? क्या है कि रात में जो हम अण्वस्य पर आधारित नाटक खेलने जा रहे हैं न, वह पिछले तीन

महीनों में सात बार खेल चुके हैं। अब और एक बार ...फिर रात में...ऐसा करेंगे तो रात का खेल कुछ ठीक से नहीं होगा...

सुखात्मे : आय एग्री विद मिस बेणारे! अब मैं एक कल्पना सुझाता हूँ। देखिए! जँचती है क्या! हम जब बार रूम में खाली बैठते हैं तो सभी वकील मिलकर रमी, पेशन्स, वरना और एक खेल खेलते हैं—जस्ट टाइमपास। दैट्स ऑल! एक काल्पनिक मुकदमा किसी पर गढ़ने का। क्यों न वैसा करें? काल्पनिक मुकदमा। सामन्त को अदालत के कामकाज के बारे में पता चलेगा और हम सबका समय अच्छा कटेगा! क्यों मिस्टर काशीकर? आप मंजूरी देते हैं?

काशीकर : ठीक है। सामाजिक क्षेत्र में काम करने वाले को ज़्यादा हठवादी रहना नहीं आता। पब्लिक के साथ रहना पड़ता है। तभी जो चाहिए वह किया जा सकता है।

कर्णिक : (*रोमांचित होकर*) थ्री चियर्स फॉर दिस न्यू आइडिया। हमारे ड्रामा टेक्नीक में इसे विजुअल इनएक्टमेंट कहते हैं। पिछले साल सरकारी नाट्य शिविरों में गया था न! उनमें देखा है यह!

सुखात्मे : सरल बातों को इतने बोझिल नामों से क्यों घायल करते हैं आप? यह एक खेल है। बस सिर्फ़ खेल! क्यों मिस बेणारे?

बेणारे : खेल की बात आपने छेड़ी है इसलिए कहती हूँ—मैं तो लड़कियों का लँगड़ाते हुए एक-दूसरे को पकड़ने का खेल भी खेलने को तैयार हूँ। मैं बच्चियों में भी खेलती हूँ। मज़ा आता है।

पोंक्षे : ऑल राइट! वी प्ले! मिस्टर सामन्त, चौक से सिगरेट के पैकेट्स लायेंगे क्या, प्लीज़? मुझे कैप्स्टन सिगरेट चाहिए। ये लीजिए पैसे! (*पैसे देता है।*)

श्रीमती काशीकर : पोंक्षे, आप क्यों पैसे देते हैं? सामन्त उनके पैसे वापस दीजिए। हम यह ख़र्चा कार्यक्रम के हिसाब में दिखायेंगे और वैसे भी हमें सामन्त को अदालत दिखानी है।

उसका ख़र्चा है यह! (*पर्स से नोट निकालकर*) सामन्त, यह लीजिए। सबको जो-जो पैकेट्स चाहिए, ला दीजिए। आधा दर्जन लाइए। और हाँ, पान भी लेकर आइए। अच्छा-सा मसाला पान! हाँ-हाँ खाने का पत्ता।

[सभी उसे अपना-अपना ऑर्डर देते हैं। सुखात्मे मगही पान मँगवाता है।]

सामन्त : (*पैसे लेकर जाते हुए वापस लौटकर कहता है*) हाँ, लेकिन मेरे आने के पहले शुरू मत करना! मैं यूँ गया और यूँ आया। (*जाता है।*)

बेणारे : बेचारा! मैं भी अभी आती हूँ।

[बास्केट से साबुन, नैपकिन लेकर गुनगुनाती भीतर जाती है।]

श्रीमती काशीकर : बालू, चल कोर्ट का सीन खड़ा कर! (*बालू काम पे लग जाता है।*)

कर्णिक : ऐ पोंक्षे तनिक इधर आओ! (*सुखात्मे और अन्यों से*) कास्ट रात का ही रखें? यानी जज, वकील आदि?

सुखात्मे : ओ यस! बाय ऑल मीन्स! उसमें परिवर्तन क्यों करें? वकील मैं ही होता हूँ।

श्रीमती काशीकर : कम-से-कम मुजरिम तो बदल दीजिए। क्यों कर्णिक?

कर्णिक : ना। उसकी ज़रूरत नहीं। (*पोंक्षे से*) यू नो वन थिंग पोंक्षे?

पोंक्षे : व्हाट?

कर्णिक : (*भीतर इशारा कर*) उसके बारे में... मिस बेणारे के बारे में, रोकडे टोल्ड मी।

पोंक्षे : व्हाट?

कर्णिक : अभी नहीं। रात के कार्यक्रम के बाद याद दिला मुझे।

पोंक्षे : मैं भी कुछ बताने वाला हूँ मिस बेणारे के बारे में मुझसे पूछोगे तो मुजरिम दूसरा ही हो तो अच्छा...

काशीकर : उतना ही कुछ नया मनोरंजन...

श्रीमती काशीकर : हाँ तो वही!

काशीकर : वही क्या? ज़रा आप खुद को लगाम दीजिए! कुछ बोलना ही बेकार है...

[श्रीमती काशीकर चुप हो जाती हैं।]

सुखात्मे : आय डोंट माइंड—मुजरिम...हाँ, मुझे लगता है वाय नॉट रोकडे?

[रोकडे खुश होता है।]

रोकडे : हाँ मैं तैयार हूँ।

पोंक्षे : छीः, बिल्कुल नहीं। मैं भी कुछ बताऊँगा...बेणारे के बारे में।

कर्णिक : मैं मुजरिम बनता हूँ।

काशीकर : मेरी राय में करना ही है तो यूँ ही फालतू खेल मत करो। मैं...मुझे मुजरिम कीजिए।

सुखात्मे : हाँ मुझे ही कीजिए मुजरिम...।

कर्णिक : यानी सारा श्रेय इन्हीं को! वकील भी वे! मुजरिम भी वे!

पोंक्षे : (*पाइप के साथ*) कंसीडर मी देन। (*ज़बर्दस्ती नहीं लेकिन यदि चल सकता है तो...आय एम गेम!*)

रोकडे : (*मिसेज़ काशीकर से*) मैडम मैं क्यों नहीं फिर?

श्रीमती काशीकर : मैं बनूँ क्या?

काशीकर : नहीं! (श्रीमती काशीकर चुप रहती हैं।) चार लोगों में शामिल होने का मौक़ा क्या मिला कि लगीं आगे-आगे घूमने!

श्रीमती काशीकर : (*उदास होकर*) ठीक है! नहीं करती मैं कुछ। अब ख़ुश?

सुखात्मे : सभी बातें ख़त्म करो! काशीकर, मुजरिम बिल्कुल अलग ही होगा। क्यों? मिस बेणारे कैसी रहेंगी मुजरिम के रूप में! क्यों पोंक्षे? चॉइस कैसा है?

पोंक्षे : ठीक है।

सुखात्मे : क्यों श्रीमती काशीकर? यूँ ही झगड़ा न हो!

श्रीमती काशीकर : आप कहते हैं तो ठीक ही है। औरत पर मुकदमा कैसे चलता है वह देखने को मिलेगा! (*आदत से 'क्यों जी?' काशीकर से कहती है।*) देखना चाहिए, है न?

काशीकर : (*व्यंग्य से*) हाँ तो! जैसे सुप्रीम कोर्ट में कोई आपको जज करने वाला है!

श्रीमती काशीकर : वह बात नहीं है।

सुखात्मे : वैसा कोई फ़र्क़ नहीं होता। लेकिन महिला पर मुकदमा यानी रंग ही कुछ और हो जाता है। अपना अनुभव है यह। क्यों मिस्टर कर्णिक?

कर्णिक : ठीक है। मैं टीम के साथ हूँ। मैं टीम स्पिरिट को तूल देता हूँ।

श्रीमती काशीकर : तो तय हुआ? अभी के लिए मुजरिम हैं बेणारे! लेकिन इल्ज़ाम क्या है?

काशीकर : कुछ सामाजिक...वह भी तूल देने वाला महत्त्वपूर्ण इल्ज़ाम होना चाहिए।

पोंक्षे : ठीक है। (*उठकर*) श्श...(*चुपके से*) मेरे पास एक आइडिया है। सब इधर आओ...कम ऑन, आ जाओ जल्दी...

[उन्हें कुछ प्लान बताता है इशारों से! बीच-बीच में भीतर जहाँ बेणारे गयी है वहाँ झाँककर, देखकर कुछ बताता है।]

काशीकर : रोकडे, अभी तक कोर्ट अरेंज नहीं हुआ।

रोकडे : (*जल्दबाजी करते हुए*) हाँ हो ही गया!

कर्णिक : रोकडे, मैंने ग्राउंड प्लान तैयार कर दिया है। कहाँ कौन-सी प्रॉपर्टी रखनी है वह...

रोकडे : (*गुस्से से*) मैं वह आपकी नाटक वाली भाषा नहीं समझता। उसकी आदत नहीं है मुझे।

[सभी अदालत की स्टाइल से फर्नीचर रखते हैं। पोंक्षे सबसे ज़्यादा दौड़-धूप करता है। काशीकर देख-देख कर सूचनाएँ देता है। पोंक्षे की सूचना के कारण बेणारे का पर्स मंच पर से उठाकर रोकडे बायीं ओर के स्टूल पर रखता है और कोर्ट सीन बन जाता है। पोंक्षे-काशीकर भीतरी कमरे के दरवाज़े के पास जाकर खड़े हो जाते हैं। बाकी सब बायीं तरफ़ की विंग में जाते हैं।]

काशीकर : (*विंग में जाने वालों से*) मैं इशारा करूँगा—

[बेणारे नैपकिन से चेहरा पोंछते हुए आती है। फ्रेश है। गुनगुनाती है।]

बेणारे : *(दायीं ओर मंच के सामान में अपने बास्केट में नैपकिन, साबुन आदि रखते हुए गुनगुनाती है।)*
चिड़िया से फिर तोता पूछे,
'क्यों री तेरी आँखें गीली?'
'क्या कहूँ रे तुझसे मैं
कौन ले गया घरौंदा मेरा?
च्यूँ च्यूँ च्यूँ च्यूँ चऽर...'

पोंक्षे : *(भीतरी कमरे से बाहर मंच पर आने वाले कमरे के दरवाज़े से आकर बेणारे के सामने खड़ा होता है।)* मिस लीला बेणारे! एक अत्यधिक गम्भीर इल्ज़ाम के तहत आपको क़ैद किया जाता है और मुजरिम के कठघरे में अदालत में पेश किया जाता है।

[बेणारे वहीं के वहीं सिहर जाती है। शरीर सिकुड़ता है। दिमाग़ काम नहीं करता। सकते में आ जाती है। वह उसी की ओर देखता रहता है। वह कंघी लेने हेतु पर्स ढूँढ़ती है और पर्स ढूँढ़ते-ढूँढ़ते बायीं ओर के विंग के पास जाती है। स्टूल पर रखा पर्स उठाती है। अब तक काशीकर मंच पर न्यायाधीश की कुर्सी पर आसीन हो गये हैं। बायीं ओर के विंग के लोगों को इशारा करते हैं। कर्णिक और रोकड़े चुपचाप मुजरिम का कठघरा लाकर बेणारे को घेरते हैं। सुखात्मे वकील का काला गाउन पहने हुए बायें विंग से आता है वकील की कुर्सी पर बैठ जाता है। अन्य सभी अपनी-अपनी जगहों पर चले जाते हैं। दरवाज़े से सामन्त आ जाता है।]

काशीकर : *(गला साफ़ करते हुए)* मुजरिमा मिस बेणारे, इण्डियन पीनल कोड की धारा 302 के अन्तर्गत आप पर भ्रूण हत्या का इल्ज़ाम है। आपको मंज़ूर है या नामंज़ूर?

[बेणारे सन्न-सी। सकते में। वातावरण गम्भीर घुटन युक्त।]

(पर्दा गिरता है।)

दूसरा अंक

[वही कक्ष। प्रथम अंक की समाप्ति पर जो स्थिति थी वही इस अंक के आरम्भ में]

काशीकर : (*न्यायाधीश के रोब में बैठे हैं*) आरोपी मिस बेणारे इंडियन पीनल कोड की धारा तीन सौ दो के तहत आप पर जो आरोप लगाया गया है—भ्रूण हत्या का आरोप क्या आपको मंजूर है या नामंजूर?

[वातावरण गम्भीर। बेणारे कुर्सी के सहारे खड़ी है।]

सामन्त : (*दरवाज़े पर खड़ा। धीमी आवाज़ में कर्णिक से*) ये लीजिए मसाला पान और सिगरेट के पैकेट्स।

[गम्भीरता सहसा लुप्त हो जाती है।]

श्रीमती काशीकर : मुझे मसाला पान!

कर्णिक : मुझे विल्स का पैकेट!

पोंक्षे : सामन्त, यहाँ स्पेशल पान!

सुखात्मे : मुझे एक पान, चल हटा धागा बीड़ी। काशीकर आपको?

काशीकर : मसाला पान!

[रोकडे सामन्त से पान लेकर काशीकर को देता है।]

रोकडे : (*अदब से, काशीकर से*) कत्था निकाल दिया है।

सुखात्मे : (*बेणारे से*) हैव इट मैडम। पान है।

बेणारे : (*कुर्सी पर बैठी हुई*) अं? हाँ...नहीं। नहीं चाहिए। थैंक्यू...

सुखात्मे : इतनी गम्भीर क्यों हुईं आप? आफ़्टर ऑल दिस इज़ जस्ट अ गेम। खेल है बस! इतनी सीरियस क्यों हो गयीं आप?

बेणारे : (*हँसने की कोशिश करती हुई*) कौन? मैं और सीरियस? मैं एकदम लाइट मूड में हूँ। कोर्ट का एटमॉसफिअर

क्रिएट करने के लिए थोड़ी सीरियस हो गयी थी बस। ऐसे मुकदमे से मैं क्यों डरूँ भला?

सामन्त : (*कर्णिक का दिया हुआ सिगरेट सुलगाकर कर्णिक से*) अब जो था वह मज़ाक था? सही में न?

कर्णिक : (*कश खींचते हुए*) कैसा मज़ाक?

सामन्त : नहीं। वह कुछ आरोप की बात कर रहे थे काशीकर साहब...लेकिन ठीक से समझा नहीं! इसीलिए पूछ रहा था। हम देहाती लोग हैं न!

सुखात्मे : अभी-अभी जन्मा हुआ बच्चा मारने का आरोप...

सामन्त : उफ़! यह भयावह आरोप है। हमारे गाँव में बिल्कुल ऐसा ही हुआ था। डेढ़ साल पहले। बेचारी विधवा थी।

सुखात्मे : हाँ क्या? वकील कौन था? काशीकर!
क्या इल्ज़ाम लगाया आपने! एवन आरोप! ऐसा ही कुछ सनसनीखेज आरोप ना हो तो मुकदमे में कोई मज़ा नहीं आता।

काशीकर : पर सामाजिक दृष्टि से भी इस आरोप का महत्त्व है। यह बात आपकी समझ में आयी क्या सुखात्मे? भ्रूण हत्या सामाजिक दृष्टि से अहम् प्रश्न है। मैंने जानबूझकर यह आरोप चुना। हमारी हर बात में समाज हित का विचार झलके बिना कैसे रहेगा? बेणारे मैडम! नाऊ कम ऑन! रोकडे मेरा हथौड़ा कहाँ है? (*रोकडे अदब से हथौड़ा देता है।*) अभी ना भी देता तो चलता! मैं सिर्फ़ देख रहा था कि तू लाया है या नहीं। (*हथौड़ा पटक कर*) नाऊ टू बिज़नेस। चलिए सुखात्मे! स्टार्ट कीजिए। अधिकस्य अधिकम् फलम्। मेरी कनखोदनी कहाँ है! (जेब से निकालकर रखता है सामने!)

सुखात्मे : (*वकील का गाउन फहराते, पान चबाते हुए*) मिलॉर्ड, अदालत की अगली कार्यवाही सुचारू चले इसलिए मैं कोर्ट से विनती करता हूँ कि पाँच मिनट की अवधि दी जाये ताकि सम्बन्धित सभी लोग अपने-अपने मुँह के पान का पीक थूक सकें।

काशीकर : (*रोब से, न्यायमूर्ति की तरह पान का टुकड़ा जिह्वा से बाहर उड़ाते हुए*) इस सन्दर्भ में आरोपी के वकील उनका कहना अदालत के सामने रखें।

सुखात्मे : (*फ़ौरन आरोपी के वकील की जगह जाते हुए*) मिलॉर्ड, सरकारी वकील की इस सूचना का हम विरोध करते हैं। पान का पीक थूकने के लिए दस सेकेंड पर्याप्त हैं। सरकारी वकील पाँच मिनट की अवधि चाहते हैं इसका मतलब इतने समय में वे मेरी मुवक्किल को कुछ ख़तरनाक, पीड़ादायक हानि पहुँचाना चाहते हैं। अतः मेरी मुवक्किल चाहती हैं कि उन्हें सिर्फ़ दस सेकेंड की ही अवधि दी जाये।

बेणारे : (*बेताबी से*) नहीं उन्हें साढ़े नौ सेकेंड की ही अवधि दी जाये।

काशीकर : बेणारे जी, अदालत में आरोपी बीच-बीच में नहीं बोल सकता। सामन्त का ठीक है लेकिन आपको भी अदालत के एटिकेट्स नये सिरे से समझाने होंगे क्या? (*कर्णिक को बुलाकर*) क्लर्क ऑफ़ दी कोर्ट! प्रस्तुत किये गये मुद्दों के बाबत कोर्ट की परम्परा पर तनिक प्रकाश डालिए।

कर्णिक : (*मुँह से सिगार हटाकर धुँआ छोड़ते हुए*) पान खाकर कामकाज करने का कोर्ट का चलन न होने के कारण इस सन्दर्भ में कोई परम्परा नहीं बनी है। उसमें भी न्यायमूर्ति का पान चबाना पहली बार हो रहा है। यह अद्‌भुत है, मिलॉर्ड।

काशीकर : आरोपी का वकील क्या सिद्ध कर सकता है कि दस सेकेंड में पीक थूकी जा सकती है?

सुखात्मे : बाय ऑल मीन्स (*बाहर जाकर थूकता है और दरवाज़ा बन्द कर*) एग्ज़ेक्टली टेन सेकेंड। मिलॉर्ड।

काशीकर : वी मस्ट सी फॉर अवरसेल्व्ज! (*उठकर चले जाते हैं।*)

बेणारे : (*उसाँस छोड़ते हुए*) यह न्यायालय है या पान थूकने की प्रतियोगिता? क्यों कर्णिक?

[कर्णिक ध्यान नहीं देता]

सामन्त : (*कर्णिक से*) असली अदालत में ऐसा चलता है क्या? मज़ेदार है!

कर्णिक : (*सिगरेट का धुआँ फैलाते हुए*) श्श...श्श! चुप! कोर्ट की बेअदबी होगी। सिर्फ़ देखते रहिए।

[पोंक्षे को आँख से इशारा करता है।]

काशीकर : (*लौटकर*) क्लर्क ऑफ़ दी कोर्ट कितना समय लगा?

कर्णिक : (*घड़ी देखकर*) क्या पता?

श्रीमती काशीकर : मैं बताती हूँ। पन्द्रह सेकेंड।

सुखात्मे : (*सरकारी वकील की भूमिका में, विजयोल्लास से*) देअर! नॉट टेन बट फुल फिफ़्टीन सेकेंड्स। दैट इज़ वन फोर्थ मिनट! पाव मिनट! हमने कहा उतना ही समय! मिलॉर्ड!

काशीकर : (*गम्भीरता से*) यस। पान की पीक थूकने के प्रैक्टिकल में अदालत का आधा मिनट से ज़्यादा समय बरबाद हुआ है। अतः अदालत और अधिक देर तक कामकाज खण्डित नहीं कर सकती। अदालत यह गम्भीर निर्णय सुनाती है। निजी तौर पर, कोर्ट के कामकाज में व्यवधान उपस्थित न हो इस तरह हर कोई पीक थूककर आ सकता है।

पोंक्षे : (*उठकर*) हिअर हिअर।

काशीकर : (*हथौड़ा ठोककर*) सायलेन्स! सायलेन्स मस्ट बी ऑब्ज़र्व्ड!

श्रीमती काशीकर : (*सामन्त से*) सामन्त यह सब यानी पान थूक सब मज़े में, हँसी मज़ाक में चल रहा है। आप स्टाइल देखिए! हर बात के लिए अदालत की परमिशन लेनी पड़ती है। वह महत्त्वपूर्ण है। रात में गड़बड़ मत करना।

सामन्त : (*उत्साह से*) नहीं। देख रहा हूँ ध्यान से! लेकिन...

काशीकर : (*हथौड़ा पटककर*) सायलेन्स मस्ट बी ऑब्ज़र्व्ड ह्वेन कोर्ट इज़ इन सेशन। घर में वही। यहाँ भी वही!

श्रीमती काशीकर : लेकिन मैंने तो सिर्फ़ सामन्त से...

सुखात्मे : जाने भी दो मैडम! वे मज़ाक कर रहे हैं।

श्रीमती काशीकर : तो क्या हुआ? हरदम सिर्फ़ डाँट!

[उदास होती है]

बेणारे : (*ऊब गयी है। चोबदार रोकड़े से धीमी आवाज़ में*) ऐ बालूऽऽ!

रोकडे : (*गुस्से में*) मुझे बालू मत कहिए!

काशीकर : (*गला साफ़ कर, हथौड़ा पटक कर*) नाऊ बैक टू भ्रूण हत्या! आरोपी मिस लीला बेणारे आप पर लगाया गया आरोप आप स्वीकारती हैं या नहीं?

बेणारे : यदि ऐसा इल्ज़ाम आप पर लगाया जाये तो आप स्वीकारेंगे?

काशीकर : (*हथौड़ा पटक कर*) ऑर्डर-ऑर्डर! किसी भी हालत में कोर्ट का सम्मान बरकरार रहना चाहिए।

बेणारे : या भ्रूण हत्या का कामकाज? छीः! मुझे तो यह शब्द ही पसन्द नहीं। भ्रूण हत्या। इससे तो अच्छा होगा कि आप मुझ पर... अं...हाँ... सार्वजनीन सम्पत्ति के अपहरण का आरोप थोपिए। अपहरण करते ही उपहार, अल्पोहार जैसा लगता है।

श्रीमती काशीकर : नहीं जी! मुझे ऐसा नहीं लगता! जो इल्ज़ाम लगाया गया है वह कुछ बुरा नहीं है।

बेणारे : (*कुर्सी पर हाथ पटक कर*) ऑर्डर-ऑर्डर!
कोर्ट का आदर-सम्मान रखना चाहिए। घर में। यहाँ भी! (*वकीली अदा में*) मिलॉर्ड, कोर्ट के परिवार को सख़्त ताकीद दी जाये। परिवार ने कभी भ्रूण हत्या या सार्वजनीन सम्पत्ति का अपहरण नहीं किया है।

श्रीमती काशीकर : बेणारे बस भी करो।

बेणारे : (*चोबदार रोकड़े को धीमे से*) ऐ बालू (*वह होंठ भींचता है।*)

सामन्त : (*श्रीमती काशीकर से, उत्साह में*) वाह! बेणारे मैडम कमाल कर रही हैं।

पोंक्षे : (*गम्भीरता से*) कई मामलों में।

काशीकर : मुजरिमा मिस बेणारे, आप वकील के अधिकार अपने हाथों में ले रही हैं। अदालत की कार्यवाही में रुकावट पैदा कर रही हैं। इसलिए आपको ताकीद दी जा रही है।

बेणारे : (*अपनी जगह से उठकर उसके सामने जाकर उसे पान ऑफ़र करती है।*) थैंक्स! इसलिए आपको मसाला पान दिया जाता है।

कर्णिक : यही! यही है वह बात! कुछ भी सीरियसली लेना ही नहीं तो बात ही ख़त्म! मैडम! सामन्त जी की समझ में आये इसलिए तो कम-से-कम अदालत के कानून से चलिए। बी सीरियस।

सुखात्मे : अन्यथा खेल का बच्चों का खेल हो जायेगा! सीरियसनेस चाहिए।

बेणारे : (*अपनी जगह आकर*) नाऊ बैक टू भ्रूण हत्या!
मिलॉर्ड ग़लती हुई। मुजरिम को न्यायमूर्ति के प्रति इतना आदर दिखाने की कोई ज़रूरत नहीं है। मुझे आरोप मंज़ूर नहीं है। मैंने कभी तिलचट्टे को भी नहीं मारा। तो भ्रू...ण हत्या कैसे करूँगी? हाँ! वैसे स्कूल की एक छात्रा पर आज गुस्सा किया था! मतलब ज़रा पीटा उसे। क्या करूँ? लड़कियाँ सुनती ही नहीं।

काशीकर : शपथ लेने वाला ग्रन्थ? रोकडे!

[रोकडे जल्दी से मोटा-सा ग्रन्थ निकाल कर स्टूल पर रखता है।]

और गवाह का कठघरा?

[रोकडे लाने जाता है।]

श्रीमती काशीकर : (*सामन्त से*) इसके बाद सरकारी भाषण! यानी सरकारी वकील का भाषण!

सुखात्मे : (*दोनों कुर्सियों पर पैर फैलाकर, दोनों हाथ सिर के पीछे रखकर सुस्ता रहा था। अब मशीन की तरह उठकर यान्त्रिकता से*), मिलॉर्ड मुजरिमा पर लगाये गये आरोप का स्वरूप (*कर्णिक की सिगार की तरह बीड़ी सुलगाकर धुआँ फैलाते हुए*) महाभयावह है। मातृत्व मंगलमयी होता है...

बेणारे : आपको कैसे पता? (*सभी के चेहरे घूरकर*) ऑर्डर-ऑर्डर (*पोंक्षे खीजकर भीतर के कमरे में जाता है।*)

काशीकर : मुजरिमा मिस बेणारे! कोर्ट की कार्यवाही में रुकावट डालने हेतु आपको फिर से आगाह किया जाता है। ॲटर्नी फॉर द स्टेट, कंटिन्यू कीजिए।

सुखात्मे : मातृत्व पावन होता है। मातृत्व के पीछे हमारी वो... महान है...उदात्तता! स्त्री को हमने जगत् जननी माना है। हमारी संस्कृति उसकी हमेशा पूजा करती है। हम अपने बच्चों को 'मातृ देवो भव' सिखाते हैं। माता पर बड़ा उत्तरदायित्व होता है। जिसे वह समय आने पर प्राणों की आहुति देकर भी निभाती है। अपने बच्चे की परवरिश करती है...

काशीकर : आप एक बात भूल गये...'जननी जन्मभूमिश्च स्वर्गादपि गरीयसी'—संस्कृत में सुभाषित है।

श्रीमती काशीकर : (*उत्साह से*) और वह कविता है न...'माँ तेरे उपकार महान...'

बेणारे : ऑर्डर-ऑर्डर! यह स्कूल के निबन्ध में लिखा जाता है। (*व्यंग्य से ज़बान दबाती है।*)
मुजरिमा मिस बेणारे! कोर्ट के अधिकार अपने हाथ में लेने के कारण आपको पुनः सूचित किया जाता है।

[हथौड़ा ठोकने का नाटक]

सुखात्मे : आय एम डीपली ग्रेटफुल मिलॉर्ड फॉर योर एडिशन। सारांश यह कि स्त्री क्षण भर के लिए पत्नी और अनन्त काल के लिए माता है।

[सामन्त तालियाँ बजाता है।]

श्रीमती काशीकर : अब चलेगा लेकिन रात के कार्यक्रम में ऐसा मत करना।

सामन्त : जी! वह क्या है कि रहा नहीं गया। क्या वाक्य है—लाजवाब!

सुखात्मे : सच है। ऐसी स्थिति में यदि कोई स्त्री अपनी जायी सन्तान का गला घोंटे तो सभ्य नागरिक की हैसियत से हम क्या कहेंगे? इसके जैसा अधम, क्रूर और क्या होगा? मुजरिमा ने यही अधम काम किया है। यही हम प्रमाणों के आधार पर सिद्ध करने वाले हैं।

[रोकडे कठघरा लाता है।]

बेणारे : (*चिढ़ाती हुई*) ऐ बालू...

[वह खीजता है। पोंक्षे भीतर से आता है।]

सुखात्मे : हमारे पहले गवाह अन्तरराष्ट्रीय ख्याति प्राप्त वैज्ञानिक श्री गोपाल पोंक्षे हैं। पोंक्षे कैसा लगा? आपको सीधे अन्तरराष्ट्रीय स्तर तक पहुँचाया हमने। अं?

काशीकर : गवाह को कठघरे में लाया जाये! (*कान खुजलाता है।*)

[पोंक्षे गवाह के कठघरे में आता है। रोकडे ग्रन्थ उसके सामने करता है।]

पोंक्षे : (*ग्रन्थ का पन्ना पलट कर, फिर ग्रन्थ पर हाथ रखकर गम्भीरता से*) मैं जी. एन. पोंक्षे—ऑक्सफोर्ड इंग्लिश डिक्शनरी पर हाथ रखकर कसम से कहता हूँ जो कहूँगा सच कहूँगा, झूठ नहीं!

[बेणारे हँसती है।]

श्रीमती काशीकर : (*डाँटकर*) बालू गीता कहाँ है?

रोकडे : (*दीनता से*) भूल गया। ग़लती से डिक्शनरी लाया। (*खीजकर*) क्या-क्या याद रखूँ भला।

बेणारे : बेचारा बालू

रोकडे : (*गुस्से में*) मुझ पर तरस मत खाना। बताये देता हूँ।

काशीकर : (*हथौड़ा पीटकर*) एग्ज़ामिनेशन टू स्टार्ट

श्रीमती काशीकर : (*सामन्त से खुसफुस के स्वर में*) यह जाँच ज़रा ध्यान से सुनना

[सामन्त गर्दन हिलाता है।]

सुखात्मे : (*पोंक्षे के सामने जाकर*) आपका नाम?

पोंक्षे : जी. एन. पोंक्षे! आगे बढ़िए! इतनी बारीकी से रात में पूछना।

सुखात्मे : गवाह देने वाले पोंक्षे! आप मुजरिमा को पहचानते हैं?

बेणारे : (*पोंक्षे की स्टाइल में*) हूँ!

पोंक्षे : (*बेणारे की ओर देखकर*) अच्छी तरह से।

सुखात्मे : मुजरिमा के सामाजिक स्तर का वर्णन कीजिए।

पोंक्षे : टीचर! स्कूल मास्टरनी अम्मा!

बेणारे : (*ज़बान बाहर निकाल कर चिढ़ाकर*) अच्छी-ख़ासी जवान तो हूँ।

सुखात्मे : मुजरिमा शादीशुदा है या नहीं?

पोंक्षे : वह मुजरिमा से ही पूछिए।

सुखात्मे : लेकिन आपसे पूछने पर क्या बतायेंगे?

पोंक्षे : वैसे व्यावहारिक तौर पर अविवाहित।

बेणारे : (*बीच में ही*) और अव्यावहारिक तौर पर?

काशीकर : ऑर्डर-ऑर्डर! बेणारे मैडम! संयम! संयत होने का महत्त्व न भूलना!

(*सुखात्मे से*) यू मे कंटिन्यू! मैं अभी आया। (*उठकर भीतरी कमरे में जाते हैं।*)

श्रीमती काशीकर : (*सामन्त से*) ऐसा अभी चलेगा। रात में नहीं। तब सब कुछ सही-सही करना होगा।

सुखात्मे : (*स्वयं से*) ये मिस्टर काशीकर! इनको ऐन समय पर वह होता है जो नहीं होना चाहिए।

(*खुलकर*) गवाह नं एक पोंक्षे मुजरिमा का नैतिक चालचलन आपकी नज़र में कैसा है? आम अविवाहित स्त्री जैसा या...! आप इस ट्रायल को सीरियसली लीजिए।

बेणारे : लेकिन इन्हें कैसे पता होगा कि आम अविवाहित स्त्री का नैतिक चालचलन कैसा होता है।

पोंक्षे : (*ध्यान न देते हुए*) अलग

सुखात्मे : यानी?

पोंक्षे : मुजरिमा कुछ ज़्यादा ही...

सुखात्मे : ज़्यादा यानी...

पोंक्षे : यानी पुरुषों के पीछे ज़रा ज़्यादा ही।

बेणारे : (*चिढ़कर*) अ र...रे...बेचारा पुरुष...

सुखात्मे : यह कोर्ट की बेअदबी है मिस बेणारे!

बेणारे : कोर्ट उस कमरे में गया है। फिर इस कमरे में उसकी बेअदबी कैसे हुई? इस विधान का कोई मतलब ही नहीं है, सुखात्मे!

(*सामन्त दिल से हँसता है।*)

सुखात्मे : (*बेणारे से*) आपसे कुछ कहना ही व्यर्थ है। साक्षीदार पोंक्षे...

(*पोंक्षे कठघरे के बाहर खिसक कर कर्णिक से बात कर रहा है।*) नो बडी इज़ सीरियस।

[पोंक्षे कठघरे में खिसकता है।]

मिस्टर पोंक्षे क्या आप बता सकते हैं कि मुजरिमा का विवाहित या अविवाहित पुरुष के साथ किसी तरह का गहरा सम्बन्ध था? या है? (*बलपूर्वक*) विवाहित या अविवाहित पुरुष से?

बेणारे : (*बीच में ही*) हाँ जी! सरकारी वकील सुखात्मे से! और तो और न्यायमूर्ति के साथ भी!

और...हाँ पोंक्षे के साथ, इस...बालू के साथ और कर्णिक जी के साथ भी!

रोकडे : बेणारे 'मैडम'! महँगा पड़ेगा! पहले ही से कह देता हूँ।

पोंक्षे : हूँऽऽ! ऐसे बचपने के साथ यह बच्चों वाला खेल जारी रखने का कोई मतलब भी नहीं है? नो सेंस! सुखात्मे, नो बडी इज़ सीरियस! वे काशीकर उधर गये हैं। इनका ये क्या चल रहा है? मुझे तो कोई बात तक करने नहीं देता!

कर्णिक : हमारे नाटकों के रिहर्सल्स भी इससे सीरियसली किये जाते हैं।

श्रीमती काशीकर : बेणारे यह क्या है? तुम्हारे अकेले के कारण रात में कोई गड़बड़-घोटाला हुआ तो नहीं चलेगा। समझीं क्या?

बेणारे : मैं तो मुकदमा आगे बढ़ने में मदद कर रही हूँ।

[काशीकर भीतर से आकर आसनस्थ होते हैं।]

काशीकर : व्हाट हैपेन? कंटिन्यू मिस्टर सुखात्मे!

मेरी कनखोदनी किधर गयी?

बेणारे : मैं न! गाँव का चक्कर काटकर आती हूँ। आप मुकदमा चलाइए। भ्रूण हत्या! हूँ! गाँव में घूमूँगी तो खुली हवा मिलेगी।

कर्णिक : फिर तो हो गया काम तमाम!

श्रीमती काशीकर : अब मुकदमा पूरा हो जाने दीजिए न!

जो काम हाथ में लिया उसे पूरा करके ही छोड़ना चाहिए।

सामन्त : (*घबराकर श्रीमती काशीकर से*) यानी यहीं पर सब समाप्त? ख़त्म?

काशीकर : (*कनखोदनी मिलने पर*) हाँ मिल गयी! चलिए! हियरिंग टु कंटिन्यू! (*बेणारे को 'सबूरी' का इशारा करते हैं।*) सुखात्मे, अब क्या? क्यों रुके हैं?

सुखात्मे : आपकी कनखोदनी मिलने की राह देख रहा था। मिलॉर्ड, (*वकीली अदा से*) मिस्टर पोंक्षे।
(*कठघरे से बाहर आया पोंक्षे हड़बड़ाकर कठघरे में वापस जाता है।*) मुजरिमा के व्यवहार में आपको कभी कुछ खटका था क्या?

पोंक्षे : मुजरिमा के दिमाग़ में कुछ गड़बड़ी लगती थी। कई बार लगता था! यानी उनके बर्ताव का कोई मतलब ही समझ में नहीं आता था।

सुखात्मे : फॉर एग्ज़ाम्पल?

पोंक्षे : फॉर एग्ज़ाम्पल...एक बार उन्होंने मेरी शादी तय करने का...(*अभी भी देखिए। वे इस वक़्त पागलखाने की मरीज़-सी ज़बान निकालकर दिखा रही हैं!*)

[बेणारे झट् से जिह्वा भीतर खींचती है।]

सुखात्मे : (*महत्त्वपूर्ण मुद्दा मिलने की ख़ुशी में*) गुड!
अब आप जाकर अपनी जगह बैठ सकते हैं मिस्टर पोंक्षे—द ग्रेट साइंटिस्ट...। अवर नेक्स्ट विटनेस मिस्टर कर्णिक...द ग्रेट एक्टर!

[पोंक्षे कठघरे से बाहर आकर बेणारे की ओर देखते-देखते बैठ जाता है। कर्णिक नाटकीयता से आकर कठघरे में खड़ा हो जाता है।]

कर्णिक : आस्क!

सुखात्मे : कसम...नाम...धन्धा सब हुआ? हाँ तो मिस्टर कर्णिक, आप अभिनेता हैं?

कर्णिक : (*नाटकीयता साक्षीदार के आविर्भाव से*) यस! और इसका मुझे अभिमान है।

सुखात्मे : होने दीजिए। मिस्टर कर्णिक यू नो दिस लेडी? (*बेणारे की ओर निर्देश*)

कर्णिक : (*ओवर स्मार्ट बनते हुए देखता है*) यस सर, आय थिंक ...आय नो दिस लेडी...

सुखात्मे : थिंक यानी क्या मि. कर्णिक?

कर्णिक : थिंक यानी सोचना, लगना। आप चाहें तो डिक्शनरी में देखिए। यह यहाँ है डिक्शनरी।

सुखात्मे : (*अनजाने में डिक्शनरी की ओर जाने लगता है। फिर अपने आपको रोककर मुड़ता है।*) मीनिंग नहीं चाहिए मुझे! मिस्टर कर्णिक या तो आप इन्हें पहचानते हैं या नहीं। इसमें से सच क्या है? वह कहिए!

कर्णिक : (*कन्धे उचकाकर*) स्ट्रेंज! कभी लगता है कि हम पहचानते हैं लेकिन दरअसल हम पहचानते नहीं। ट्रुथ इज़ स्ट्रेंजर दैन फ़िक्शन!

सुखात्मे : आपकी पहचान कहाँ हुई?

कर्णिक : यहीं! अपने मण्डल के कार्यक्रमों में। हम 'नक़ली अदालत' के कार्यक्रम करते हैं। ये उनमें भाग लेती हैं। हाँ! याद आया! यहीं पर हुई पहचान (*सब कुछ अति नाटकीयता से कहता है।*)

सुखात्मे : कार्यक्रम कैसे होते हैं, मिस्टर कर्णिक?

कर्णिक : बढ़िया।

सुखात्मे : (*वकीली अदा से*) मिलॉर्ड, इस ख़ास मुद्दे को दर्ज किया जाये।

काशीकर : (*कान खुजलाते हैं।*) हो जायेगा। आगे बढ़िए।

सुखात्मे : मिस्टर कर्णिक सत्य का स्मरण कर बताइए कि आप जो नाटक खेलते हैं उनमें माता का वर्णन किन शब्दों में किया जाता है।

कर्णिक : आजकल के नये नाटकों में वह होता ही नहीं। ये नाटक जीवन की अर्थहीनता पर होते हैं। यानी मनुष्य के जीवन सम्बन्धी।

काशीकर : यह जँचता नहीं। मनुष्य के सामने कुछ उद्देश्य होना चाहिए। 'अनन्त हमारी ध्येयासक्ति'...ऐसा आदर्श होना चाहिए। ध्येय होना ही चाहिए।

सुखात्मे : वह रहने दीजिए। माता की परिभाषा यदि आपको करनी हो तो किस तरह करेंगे?

कर्णिक : (*सोचकर*) जो जन्म देती है वह माता!

सुखात्मे : मिस्टर कर्णिक, जन्म दिये हुए बच्चे का पालन करने वाली माता या उसका गला दबाने वाली माता? आपकी राय में परिभाषा क्या है?

कर्णिक : दोनों ही माताएँ हैं! क्योंकि दोनों प्रसूत होती हैं।

सुखात्मे : मिस्टर कर्णिक! आप मातृत्व किसे कहेंगे?

कर्णिक : बच्चे को जन्म देना।

सुखात्मे : जन्म तो कुतिया भी पिल्लों को देती है।

सुखात्मे : वह भी तो माता होती है। मानवी ही माता है और कुतिया माता नहीं ऐसा कौन कहता है?

बेणारे : (*आलस झटकती हुई*) बक अप कर्णिक!

[कर्णिक उपेक्षा करता है।]

सुखात्मे : कर्णिक आज 'फॉर्म' में हैं।

काशीकर : वह रात में दिखाइए 'फॉर्म'! अभी सीधे-सीधे जवाब दीजिए।

सुखात्मे : गवाह कर्णिक! अब ठीक से सोच-समझकर जवाब दीजिए। आरोपी के नैतिक चालचलन सम्बन्धी आपकी क्या राय है?

कर्णिक : (*दो-तीन बार गम्भीर, विचारमग्न पोज़ बदल-बदलकर*) यानी इस मुकदमे तक सीमित या सचमुच के?

सुखात्मे : ऑफ़कोर्स सचमुच के!

काशीकर : (*कान खुजलाते*) मुझे लगता है इस मुकदमे तक ही सीमित मामूली प्रश्न पूछे जायें तो बेहतर होगा।

कर्णिक : तो फिर ठीक है। मुझे मंजूर है। मुझे कुछ भी पता नहीं है मुजरिमा के नैतिक चालचलन के बारे में!

सुखात्मे : पक्का नहीं मालूम?

कर्णिक : पक्का। इस मुकदमे तक तो पक्का नहीं मालूम!

[बेणारे के चेहरे पर तनाव!]

सुखात्मे : मिस्टर कर्णिक (*एक संचारी भाव जागृत*)
मिस्टर कर्णिक, आपने मुजरिमा को विशेष स्थिति में विशेष-ख़ास समय देखा है कि नहीं? जवाब दीजिए। यस और नो?

कर्णिक : (*झट से*) मैंने नहीं, इस रोकडे ने देखा है!

रोकडे : (*घबराकर*) मुझे कुछ नहीं मालूम। मैं कहता हूँ न मैं कुछ नहीं जानता।

सुखात्मे : (*सीना तान कर बैरिस्टरी स्टाइल में*) मिस्टर कर्णिक, थैंक्यू सो मच! यू कैन टेक योर सीट नाऊ। (*कर्णिक कठघरे के बारह आता है।*)

नाऊ मिस्टर रोकडे, आप गवाह के कठघरे में आइए।

श्रीमती काशीकर : (*सामन्त से*) समझ रहे हैं न आप?

सामन्त : हाँ जी!

रोकडे : (*वहीं पर*) मैं नहीं।

सुखात्मे : मिलॉर्ड, चोबदार रोकडे की गवाही मुकदमे के लिए बेहद ज़रूरी है। उसे गवाह के कठघरे में फ़ौरन आने का आदेश दिया जाये।

रोकडे : (*दीनता से*) मैं बिल्कुल नहीं आऊँगा। चाहे तो मैं यहाँ से चला जाता हूँ।

[बेणारे मुक्त रूप से हँसती है।]

काशीकर : रोकडे!

[रोकडे चुपचाप कठघरे में जाकर खड़ा होता है। काँप रहा है। नर्वस]

पोंक्षे : (*कर्णिक से*) क्या देखा रे उसने?

कर्णिक : कहाँ? मैंने मज़ाक किया है। तूने मुझे फँसाया। मैंने उसे। खेल चलता रहना चाहिए न इस सुखात्मे का!

सुखात्मे : शपथ, नाम, धन्धा...मिस्टर रोकडे!

[रोकडे रुआँसा]

मिस्टर रोकडे! मिस्टर कर्णिक ने अपनी गवाही में आपके नाम का उल्लेख किया! आपने सुना। अब आप इस मामले में और क्या-क्या बता सकते हैं?

श्रीमती काशीकर : बालू अब एकदम खुलकर बोल! तो अगले कार्यक्रम में चांस मिलेगा।

इतना बड़ा मौक़ा फिर कभी नहीं मिलेगा। सामन्त देख लीजिए।

[काशीकर आँखों से गुस्सा ज़ाहिर करते हैं। श्रीमती काशीकर के चेहरे पर काइयाँपन।]

सुखात्मे : कहिए मिस्टर रोकडे, क्या देखा आपने?

[रोकडे नर्वस! थूक निगलता है।]

मिस्टर रोकडे! ईश्वर को याद कर कहिए। वहाँ क्या देखा आपने?

[रोकडे की बोलती बन्द]

(*ख़ास फ़िल्मी स्टाइल से*) मिस्टर रोकडे, उस वक़्त, उस जगह क्या देखा आपने? आंसर प्लीज़!

रोकडे : (*जैसे-तैसे*) ब्रह्माण्ड!

[रोकडे पसीना-पसीना! बेणारे खिलखिलाकर हँसती है। कर्णिक पोंक्षे को आँख मारता है।]

काशीकर : (*दाँत कुरेदते हुए*) रोकडे ऐसा ही है निकम्मा!

श्रीमती काशीकर : बालू, फिर मौक़ा नहीं मिलेगा। जवाब दो। कितना डरते हो? आदमी में थोड़ा तो साहस, सभा वक्तृत्व गुण होना चाहिए न?

क्यों सामन्त?

सामन्त : हाँ, लेकिन मुश्किल होता है।

श्रीमती काशीकर : बालू बोल झट से।

बेणारे : बोल बालू—अ आ इ ई...

रोकडे : (*बेणारे पर गुस्सा करते हुए*) बहुत हुआ। (*पसीना पोंछता है।*)

सुखात्मे : (*वकीली स्वर में*) मिस्टर रोकडे...

रोकडे : (*रोककर*) रुको! रुको ज़रा! (*धीरज समेटकर*) (*बेणारे की ओर एक-दो बार देखकर*) मैं बताता हूँ। मैं बीच में एक बार गया था उनके यहाँ...

सुखात्मे : (*वकीली स्वर में*) किसके यहाँ? मिस्टर रोकडे किसके यहाँ गये थे आप?

रोकडे : मुझे बीच-बीच में मत टोको! मैं गया था दामले जी के यहाँ...

[बेणारे तनाव में]

पोंक्षे : अवर प्रोफ़ेसर दामले?

कर्णिक : यानी उनके कॉलेज के हॉस्टल रूम में गया होगा।

रोकडे : हाँ। ऐसे ही शाम में गया था। अँधेरा था। वहाँ ये थीं। ...ये बेणारे मैडम!

सभी : कौन?

रोकडे : अब हँसिए! उड़ाइए मज़ाक! यही थीं वहाँ। दामले और ये बेणारे...

[बेणारे सख़्त! कर्णिक-पोंक्षे में इशारेबाजी।]

सामन्त : (*श्रीमती काशीकर से*) यानी यह सच है या अदालती सच है?

सुखात्मे : (*सजगता से*) मिस्टर रोकडे आप शाम के वक़्त, अँधेरा छाने के समय प्रोफ़ेसर दामले के रूम में गये थे। वहाँ आपने क्या देखा? (*स्वर में हिंस्रता/पशुता*) क्या देखा वहाँ?

काशीकर : (*पसन्द आने पर भी*) सुखात्मे, यह ज़्यादा निजी स्तर पर जा रहा है।

सुखात्मे : नहीं! बिल्कुल नहीं, मिलॉर्ड! सिर्फ़ मुकदमे के तहत है यह। हाँ तो मिस्टर रोकडे...

बेणारे : यह मुझे मंज़ूर नहीं। इस खेल-खेल की अदालत से उसका कोई सम्बन्ध नहीं।

श्रीमती काशीकर : बेणारे, तुम इतना बेचैन क्यों हो रही हो? चलने दो।

बेणारे : मेरी निजी बातों में किसी के भी दख़लअंन्दाज़ी करने का कोई कारण नहीं। मैं कहीं भी जाऊँगी। दामले मुझे खा नहीं रहे थे।

सुखात्मे : रोकडे, आपने वहाँ क्या देखा? बताइए।
बेणारे मैडम! मुकदमे का स्पिरिट कम मत कीजिए। सुन लीजिए। मज़ेदार होता है यह खेल। धीरज रखिए। रोकडे आपने क्या देखा? साफ़-साफ़ कहिए क्या देखा? शरमाइए मत!

रोकडे : (*रुककर, सीधा देखकर*) दोनों बैठे थे!

सुखात्मे : और क्या देखा?

रोकडे : इतना ही देखा।

[सुखात्मे निराश होता है।]

हाँ पर मुझे हादसा लगा। अँधेरा होने पर दामले के रूम में...

बेणारे : दूध पीता बच्चा है बालू अभी!

रोकडे : मुझे देखकर आपका चेहरा क्यों उतर गया फिर? मुझे दामले जी ने बाहर से ही क्यों भगाया? हमेशा भीतर बुलाते हैं कमरे में।

बेणारे : क्यों भगाया दामले जी जानें! तुझे आने नहीं दिया था तो मेरा चेहरा क्यों उतरेगा? वह तो अच्छा-ख़ासा था। तुम्हें लौटाया सो तुम्हें बुरा लगा?

सुखात्मे : (*काशीकर से*) मिलॉर्ड गवाह रोकडे ने जो देखा और उतना ही देखकर वे क्यों लौटे यह उन्हें ही पता है। लेकिन उन्होंने जो देखा उसे दर्ज कर लिया जाये। मुजरिमा का बर्ताव संशय उत्पन्न करने वाला है और अजनबी व्यक्ति को आक्षेपाहर्य लगने वाला है।

बेणारे : कुछ लगने वाला नहीं है। वैसे देखा जाये तो कल मैं अपने प्रिंसिपल के केबिन में दिखूँगी। तो क्या मेरा चालचलन संशयात्मक होगा? हंय! हमारे प्रिंसिपल की आयु पैंसठ वर्ष की है।

सुखात्मे : मिलॉर्ड मुजरिमा की यह टिप्पणी भी हम सबूत के तौर पर इस्तेमाल करने वाले हैं। सो इसे दर्ज कर लिया जाये।

बेणारे : जिनके साथ मैं अकेले में होती हूँ ऐसे और पच्चीसों लोगों के नाम-पते चाहिए तो मैं दूँगी! मुकदमा लड़ रहे हैं शक्की मानसिकता वाले! संशयग्रस्त! मामूली शब्दों के अर्थ भी समझते हैं क्या?

[कर्णिक पोंक्षे को इशारा करता है]

सुखात्मे : मुजरिमा का यह कथन भी हमारे लिए महत्त्वपूर्ण है अतः दर्ज कर लिया जाये।

काशीकर : (*दाँत कुरेदते हुए*) कौन-सा कथन? 'शब्दों के अर्थ नहीं समझते' वाला?

सुखात्मे : नहीं! और पच्चीसों के नाम-पते जिनके साथ ये होती हैं।

बेणारे : कुछ देर पहले मैं इनके—यानी सामन्त के साथ यहाँ आयी। तब भी अकेली ही थी। लिख लीजिए इनका भी नाम।

सामन्त : (*झट से उठकर आत्मीयता से*) नहीं साब! ये मैडम मुझसे बिल्कुल सज्जनता से पेश आयीं। हम जादू-मोहिनी विद्या आदि पर बातें कर रहे थे। बस!

सुखात्मे : मिलॉर्ड, मोहिनी विद्या का उल्लेख पते का है। इसे भी दर्ज किया जाये।

काशीकर : (*दाँत कुरेदते हुए*) लेकिन सुखात्मे अदालती कार्यवाही में यह सब कहाँ तक सही है?

कर्णिक : वैसे भी यह बतौर प्रैक्टिस है। दिस इज़ जस्ट रिहर्सल!

पोंक्षे : दिस इज़ जस्ट गेम। खेल है यह बस! यहाँ कौन सीरियसली अदालत का कामकाज कर रहा है? सुखात्मे मज़ा आ रहा है। चलने दीजिए। (*कर्णिक से*) यह वकील ठीक तो है। फिर इसकी वकालत क्यों नहीं चलती रे?

सामन्त : (*श्रीमती काशीकर से*) मोहिनी विद्या यानी और कुछ नहीं वह अपना हिप्नोटिज़्म...

पोंक्षे : (*उसे बिठाते हुए*) आप बैठ जाइए! यह सिर्फ़ मनोरंजन है।

कर्णिक : सुखात्मे रुकिए मत! आगे बढिए! क्यों काशीकर मैडम कैसा लग रहा है?

श्रीमती काशीकर : प्रकरण रोचक बनता जा रहा है। इतना मज़ेदार होगा पता नहीं था। सुखात्मे चलने दीजिए बीच में मत रुकना।

सुखात्मे : (*उत्साह से*) मिस्टर रोकडे आप जा सकते हैं।

(*रोकडे उसाँस छोड़ सीधा भीतर ही भाग जाता है।*)

नाऊ मिस्टर सामन्त...

सामन्त : (*खड़ा होकर, अविश्वास से रोमांचित होकर*) मैं? मुझे पुकारा?

सुखात्मे : आइए। (*गवाह के कठघरे की ओर इशारा करते हैं।*)

सामन्त आकर खड़ा होता है।

श्रीमती काशीकर : डरिए मत सामन्त! पूछे गये प्रश्नों के...

सामन्त : जवाब देने हैं।

सुखात्मे : होशियार हैं आप।

श्रीमती काशीकर : और कुछ नहीं। बस प्रैक्टिस है यह। असली रात में है।

सामन्त : हाँ जी! रात में असली! मैं डरा बिल्कुल नहीं हूँ। बस हड़बड़ाहट है ज़रा-सी। (*सुखात्मे से*)
शपथ लेता हूँ। प्रैक्टिस के लिए।

सुखात्मे : ऑल राइट! चोबदार रोकडे ऽ (*रोकडे नहीं है।*)

सामन्त : वे ऊपर गये हैं शायद। मैं ही लेता हूँ। (*जाकर डिक्शनरी उठाता है। उस पर हाथ रखता है।*) शपथ लेता हूँ कि मैं रघुनाथ भिकाजी सामन्त सच बोलूँगा। झूठ नहीं बोलूँगा। यानी इस मुकदमे का सच यानी वैसे झूठ ही। फिर भी कहता हूँ क्योंकि प्रैक्टिस होनी चाहिए। (*हाथ डिक्शनरी पर ही*) उसका क्या है कि जानबूझकर झूठ बोलने का कलंक न लग जाये (*क्षमायाचना के स्वर में*) हम ईश्वर को मानने वालों में से हैं। शपथ ग्रहण की गयी। अब (*फिर से गवाह के कठघरे में जाकर*) बोलिए! (*फिर श्रीमती काशीकर से*) देखा? मुझे डर नहीं लग रहा है लेकिन सब नया है न? इसलिए ज़रा गड़बड़ा गया हूँ। (*सुखात्मे से*) पूछिए अब।

सुखात्मे : नाम, धन्धा, सब हुआ।

सामन्त : क्या पूछना है? पूछिए!

सुखात्मे : नहीं। अब मिस्टर...

सामन्त : (*झट से*) सामन्त! उसका क्या है कि लोग मेरा नाम भूलते हैं इसलिए बता दिया...

सुखात्मे : इट्स ऑल राइट मिस्टर सामन्त, आरोपी मिस बेणारे को आप पहचानते हैं?

सामन्त : (*गर्व से*) हाँ तो! वैसे ज़्यादा नहीं। दो-ढाई घण्टों का परिचय तो क्या होगा। लेकिन हो गया परिचय! मैडम बहुत अच्छी हैं।

सुखात्मे : लेकिन आपकी नज़र से उनके प्रति आपकी अनुकूलता उतनी विश्वास योग्य मानी नहीं जायेगी!

सामन्त : नहीं-नहीं! क्यों नहीं मानी जायेगी? मेरी माँ एक पल में आदमी के चेहरे से उसकी परख कर लेती हैं। अब उसे दिखता नहीं सो बात अलग। बेचारी की उम्र भी तो हो गयी है।

[रोकडे आकर उसके स्थान पर खड़ा हो जाता है। बेणारे कठघरे में आँखें बन्द कर बैठी है। दोनों हाथों पर गाल टिकाये हुए।]

आप सोयी हैं क्या बेणारे मैडम?

बेणारे : (*बन्द आँखों से*) जाग रही हूँ। जब चाहिए तब नींद नहीं आती। आती ही नहीं।

सामन्त : इस मामले में मुझे कोई तकलीफ़ नहीं। जब चाहूँ तब नींद आती है। (*सुखात्मे से*) आपको?

सुखात्मे : मेरा नींद का गणित अलग है। आती है तो झट से वरना चार-चार घण्टे नहीं।

काशीकर : (*कान-दाँत कुरेदते हुए*) सिर पर माका तेल मलिए सुखात्मे। मालिश कीजिए। मैं वही करता हूँ। कितना भी गहरा सामाजिक प्रश्न हो माका तेल से नींद गहरी आती है। नींद उत्तम तो भेजा शान्त। और मस्तिष्क शान्त न रहे तो सामाजिक प्रश्न क्या खाक हल होंगे? भेजा और पेट दो महत्त्वपूर्ण बातें हैं।

सामन्त : (*सुखात्मे से*) बस अब प्रश्न पूछ लीजिए।

सुखात्मे : (*पिछली बात का सिरा पकड़कर*) मिस्टर...

सामन्त : सामन्त

सुखात्मे : मुजरिमा मिस बेणारे को मिस्टर रोकडे ने शाम के अँधेरे में प्रोफ़ेसर दामले के कमरे में देखा।

सामन्त : सही है।

सुखात्मे : उस वक़्त प्रोफ़ेसर दामले और आरोपी के अलावा तीसरा कोई वहाँ न था।

सामन्त : करेक्ट। ऐसा रोकडे बोले।

सुखात्मे : उन्हें देखकर आरोपी का चेहरा उतर गया।

सामन्त : करेक्ट। ऐसा रोकडे ने कहा। लेकिन आप मुझसे कुछ पूछिए न।

सुखात्मे : पूछ ही तो रहा हूँ। उसके आधे घण्टे बाद आप वहाँ गये?

सामन्त : मैं? कहाँ? नहीं-नहीं। वह कमरा मुम्बई में। मैं यहाँ इस गाँव में। ना ना! अजब है यह। मैंने आपके उस प्रोफ़ेसर दामले को अब तक देखा भी नहीं है। वे काले हैं या गोरे मुझे नहीं मालूम। फिर उनके रूम में कैसे जाऊँगा। ऐसा क्या कर रहे हैं?

सुखात्मे : आप वहाँ पहुँचे।

सामन्त : आप कुछ ग़लत समझ रहे हैं वकील साहब।

सुखात्मे : मिस्टर सामन्त! मुकदमा लड़ने के लिए हम यह सब मानकर चल रहे हैं।

कर्णिक : इल्ज़ाम काल्पनिक है। इसलिए सब काल्पनिक है।

पोंक्षे : सिर्फ़ मुजरिम सच में है।

सामन्त : (*श्रीमती काशीकर से*) लीजिए। मैंने गड़बड़ की ही। (*सुखात्मे से*) हाँ ठीक है। मैं वहाँ पहुँचा आधे घण्टे बाद आगे?

सुखात्मे : आगे का आप ही बतायेंगे।

सामन्त : मैं कैसे कह सकता हूँ?

सुखात्मे : फिर कौन कहेगा?

समान्त : ओ! मैं ही कहूँगा। पर मुश्किल है। मुजरिमा और प्रोफ़ेसर दामले...रूम...शाम...

पोंक्षे : अँधेरा...

कर्णिक : उसके बाद आधा घण्टा...यानी घना अँधेरा...नाइट सीन...कॉलेज कैम्पस में नीरवता...

सामन्त : (*सहसा*) हाँ पूछिए। मैं पहुँचा तो क्या हुआ कि दरवाज़ा बन्द था।

सुखात्मे : दरवाज़ा बन्द?

सामन्त : हाँ! बाहर से नहीं भीतर से बन्द...मैंने दरवाज़ा ठकठकाया। नहीं। ग़लत! बेल बजायी। दरवाज़ा खुला। सामने एक अजनबी आदमी। पहचानो? अजी वही! प्रोफ़ेसर दामले। मैं उन्हें पहली बार देख रहा था। सो अजनबी ही लगेंगे न?

पोंक्षे : बढ़िया सामन्त।

श्रीमती काशीकर : (*कर्णिक से*) अच्छी गवाही दे रहा है न!

सामन्त : (*अधिक उत्साह से*) सामने दामले थे। मुझे देखकर झुँझला गये। बोले, 'यस! कौन चाहिए?'

पोंक्षे : (*कर्णिक से*) दामले का सही वर्णन कर रहा है न?

सामन्त : मैंने कहा, 'प्रोफ़ेसर दामले' उन्होंने कहा, 'वे घर में नहीं हैं।' और उन्होंने दरवाज़ा बन्द कर लिया। मैं पलभर हतबल खड़ा रहा। सोचने लगा वापस जाऊँ या फिर बेल बजाऊँ? मेरा काम भी महत्त्वपूर्ण था।

सुखात्मे : कैसा काम?

सामन्त : कैसा यानी? कुछ भी। समझ लो कि मैं प्रोफ़ेसर दामले का लेक्चर अरेंज करना चाहता था। प्रोफ़ेसर हैं तो लेक्चर देते ही होंगे। तो मैं उनके लेक्चर का कार्यक्रम तय किये बगैर कैसे जाता?...

उतने में मुझे उनके कमरे में से रोने की आवाज़ आयी।

श्रीमती काशीकर : रोने की?

सामन्त : हाँ जी! रोने की यानी सिसकने की आवाज़ वह भी औरत की।

सुखात्मे : (*रोमांचित होकर*) यस!

सामन्त : पलभर के लिए मैं वहीं खड़ा रहा। मेरी समझ में नहीं आ रहा था कि कौन रो रहा है? अब आप मुझसे यह पूछेंगे कि मुझे क्यों नहीं लगा कि प्रोफ़ेसर दामले के परिवार का कोई होगा! असल में, उसके रोने की स्टाइल से लग रहा था कि वह परिवार से सम्बन्धित नहीं है। रोना अस्पष्ट था! अपने ही घर में भला कोई दबी आवाज़ में क्यों रोयेगा? यही सोचते मैं खड़ा रहा तो कुछ शब्द सुनायी दिये।

श्रीमती काशीकर : शब्द?

कर्णिक-पोंक्षे : किसके?

सामन्त : नो! आप नहीं पूछेंगे। वकील साहब पूछेंगे।

सुखात्मे : किसके?

सामन्त : यानी उस महिला के! जो भीतर थी।

श्रीमती काशीकर : अजी बताइए तो किसके शब्द थे। कौन थी? (*और सहसा नज़र बेणारे की ओर*)

सामन्त : नो! वकील साहब पूछेंगे, आप नहीं।

सुखात्मे : हाँ पूछा। अब जल्दी से बताइए कि क्या कहा गया था? किसके शब्द थे। मिस्टर सामन्त जल्दी बताइए। बिल्कुल टाइम वेस्ट मत करना...बी क्विक!

सामन्त : अं? शब्द? सभी बताऊँ क्या?

सुखात्मे : जितना याद है उतना बताइए! लेकिन बताइए।

सामन्त : (*जल्दबाजी में हाथ की किताब से पढ़कर*) मुझे ऐसी स्थिति में छोड़ दिया तो मैं कहाँ जाऊँ?

[बेणारे तनाव में]

श्रीमती काशीकर : ऐसा पूछा?

सामन्त : वह मैं कैसे बता सकता हूँ?

सुखात्मे : (*झल्लाकर*) फिर कौन बता सकता है?

सामन्त : वैसा नहीं। मैं उस प्रश्न का जवाब बता रहा हूँ जो प्रोफ़ेसर दामले ने दिया था।

सुखात्मे : अच्छा-अच्छा!

सामन्त : कहाँ जाओगी यह तुम ही तय करोगी। मुझे तुमसे पूरी हमदर्दी है लेकिन मैं कुछ कर नहीं सकता। मेरी प्रतिष्ठा—मुझे उसकी रक्षा करनी होगी। इस पर कहा गया 'सब कुछ करके अब प्रतिष्ठा की गप्पें हाँक रहे हैं? क्रूर, निर्दयी हैं आप।' इसके जवाब में कहा गया 'प्रकृति क्रूर है।'

काशीकर : (*कान खुजलाते हुए*) आय सी, आय सी!

सुखात्मे : (*रोमांचित*) कमाल है। वाक़ई कमाल है।

सामन्त : 'आपने मुझे त्यागा तो मुझे आत्मघात ही करना होगा। और कोई रास्ता नहीं है।' उस पर जवाब आया 'तो फिर करो। मैं भी मजबूर हूँ। लेकिन यदि तुमने ऐसा कुछ किया तो मुझे वेदना होगी।'

सुखात्मे : सिंपली थ्रिलिंग।

सामन्त : 'हाँ लेकिन ऐसे धमकाने से मैं अपने बुद्धिप्रामाण्य निर्णय से ज़रा भी पीछे नहीं हटूँगा।' इस पर कहा गया, 'ध्यान

रखिए। एक नहीं दो जनों की हत्या का पाप चढ़ेगा आप पर! यह सुनकर 'राक्षसी हास्य!'

बेणारे : (*क्रोध से*) बस! बहुत हो गया।

काशीकर : (*हथौड़ा पटक कर*) ऑर्डर-ऑर्डर।

बेणारे : यह सरासर झूठ है।

पोंक्षे : हाँ तो फिर?

कर्णिक : झूठ होने पर भी रोचक है।

श्रीमती काशीकर : सामन्त, आगे कहिए।

बेणारे : बिल्कुल नहीं। बन्द कीजिए यह सब।

सामन्त : (*नासमझी में*) लेकिन क्या हुआ?

बेणारे : यह रुकना चाहिए। इसमें से कुछ भी सच नहीं है।

सामन्त : जी हाँ।

बेणारे : आप खुलेआम झूठ बोल रहे हैं। असत्य।

सामन्त : हाँ तो। (*पीछे पकड़ी हुई किताब दिखाकर*) मैं तो इस किताब से पढ़कर बोल रहा हूँ।

सुखात्मे : मिस्टर सामन्त, उस हँसी के बाद क्या हुआ?

बेणारे : इसके आगे एक भी शब्द कहा गया तो मैं चली जाऊँगी।

सुखात्मे : मिस्टर सामन्त!

बेणारे : यह सब तोड़-मरोड़ कर रख दूँगी। सब चकनाचूर कर दूँगी।

श्रीमती काशीकर : अरे लेकिन तू यदि दूध की धुली है तो यह ताण्डव क्यों कर रही है?

बेणारे : आप लोगों ने जानबूझकर मुझे फँसाया है।
षड्यन्त्र रचा है मेरे ख़िलाफ़!

सामन्त : मैडम! ऐसा कुछ भी नहीं है! सच में!

सुखात्मे : मिस्टर सामन्त आंसर! प्रोफ़ेसर दामले राक्षसी हँसी हँसे।
उस पर उस स्त्री ने क्या कहा?

सामन्त : (*हड़बड़ाकर पुस्तक उलटता-पुलटता है*) ठहरिए!
मैं वह पन्ना ढूँढ़कर निकालता हूँ और फिर बताता हूँ।

बेणारे : सामन्त आप एक भी शब्द कहेंगे न तो मैं...आप देखेंगे फिर।

सुखात्मे : (*क्रूर व्यंग्य भरी आवाज़ में*) मिस्टर सामन्त...

सामन्त : मुसीबत है! वह पन्ना भी तो नहीं मिल रहा...

सुखात्मे : (*काशीकर से*) मिलॉर्ड, अभी-अभी जो कहा गया है वह कथन स्वयं ही प्रमाण है और कुछ भी कहने की आवश्यकता नहीं है। इसे ही हमारे पक्ष में प्रमाण मान लीजिए।

काशीकर : रिक्वेस्ट ग्रांटेड!

बेणारे : कर लो, जितनी बातें दर्ज करनी हैं कर लो। (*आँखें भर आयी हैं। आवाज़ भर्रायी हुई। रुआँसी लेकिन लापरवाही से*) क्या कर लेंगे आप मेरा? कीजिए!

[आँखों से अश्रुधारा! विंग में चली जाती है। और ख़ामोशी। सन्नाटा! सामन्त के अलावा सभी के चेहरों पर अजीब-सा खूँखार भाव! चौकन्नी क्रूरता उभरती है।]

सामन्त : (*व्याकुलता से*) अरे रे! मैडम को क्या हुआ सहसा?

काशीकर : (*कान कुरेदते हुए*) सहसा सब रहस्यमयी हो गया! समूचा सामाजिक परिवेश गन्दा बन गया है। कुछ भी पावन नहीं रहा।

सुखात्मे : इसीलिए मिस्टर काशीकर! आप जैसे प्रबुद्ध, विचार करने वाले लोगों को चाहिए कि वे इन सभी बातों को गम्भीरता से देखें। दिस शुड नॉट बी टेकन लाइटली।

श्रीमती काशीकर : एकदम सही।

सुखात्मे : मात्र विचार करने से काम नहीं चलेगा। एक्शन! एक्शन लेना चाहिए। क्यों कर्णिक?

कर्णिक : यस! एक्शन!

पोंक्षे : राइट।

सुखात्मे : यहाँ भावना से काम नहीं चलेगा। सब मिलकर—'वी मस्ट एक्ट!'

श्रीमती काशीकर : लेकिन दरअसल हुआ क्या है?

काशीकर : आप चुप रहिए। सुखात्मे, क्या हुआ होगा? कुछ अन्दाज़ में?

सुखात्मे : (*जैसे पता हो*) दैट इज़ द मिस्टरी!

[सामन्त परेशान-सा खड़ा।]

एण्ड आय थिंक, वी नो द आंसर टु दिस मिस्टरी!

कर्णिक : कैसे?

पोंक्षे : कैसे?

रोकडे : कैसे?

काशीकर : कैसे?

श्रीमती काशीकर : कैसे?

[भीतरी कमरे के दरवाज़े में बेणारे खड़ी है।]

सुखात्मे : (*नहीं जानता कि बेणारे खड़ी है*) अरे लोगों। सरल तर्क है। मिस्टर सामन्त ने जो किताब से पढ़कर सुनाया उसमें तथ्य है! इट होल्ड्स वॉटर! दाल में काला है।

श्रीमती काशीकर : यानी मिस बेणारे और प्रोफ़ेसर दा...

सुखात्मे : यस! बियाँड द शेड ऑफ़ डाउट! शक़ की कोई गुंजाइश ही नहीं है।

श्रीमती काशीकर : अजी!

रोकडे : मुझे पहले से पता था!

सुखात्मे : श्श ऽ ऽ चुप!

[दरवाज़े में खड़ी बेणारे को देखते ही सब चौंक जाते हैं। और चुप हो जाते हैं। उसकी ओर देखते हैं। वह बिल्कुल कुछ तय कर अपना छोटा बैग, पर्स उठाती है और बन्द दरवाज़े की ओर (बाहर जाने वाले) जाने लगती है। साँकल खोलती है। सभी देख रहे हैं!

दरवाज़ा खुलता नहीं। वह दरवाज़ा खींचती है। ज़ोर-ज़ोर से खींचती है पर दरवाज़ा खुलता नहीं। वह बाहर से बन्द हुआ है। वह और बल लगाकर खोलने का प्रयास करती है पर वह नहीं खुलता।

सामन्त के अलावा सभी के चेहरे पर विकृत हँसी छाती है।]

सामन्त : हो गया काम! बाहर से कुंडी सरक गयी लगता है। इस दरवाज़े का यही झंझट है। मैडम आप रुकिए। बाहर से आते समय दरवाज़ा खोलते समय कुंडी पूरी तरह हटायी नहीं गयी तो दरवाज़ा ऐसे बन्द हो जाता है। अब कुछ भी कीजिए नहीं खुलेगा। आज ऑफिस भी

बन्द है यानी बाहर कोई नहीं होगा। जो खोल सके।

(*दरवाज़ा फिर-फिर खटखटाता है।*)

(*बेणारे को देखकर*) आपने साँकल हटायी तब ग़लत हुआ! पूरी तरह से हटानी चाहिए थी।

[फिर से ठकठकाता है लेकिन कोई फ़ायदा नहीं। अब वह दूर जाकर खड़ा रहता है।]

बन्द!

[बेणारे दरवाज़े की ओर खड़ी देखती है।]

काशीकर : (*कान खुजलाते हुए*) सुखात्मे, मुझे लगता है ऐसी स्थिति में मुकदमे की कार्यवाही ज़ारी रखी जाये।

सुखात्मे : (*विकृत हँसी से, उत्साह से, वकीली अदा से झुककर*) यस मिलॉर्ड। (*आँखों में चमक*) मिलॉर्ड मुजरिमा को ही अब गवाह के कठघरे में बुलाया जाये।

(पर्दा गिरता है)

तीसरा अंक

[स्थान–वही। शाम का समय! सभी पात्र दूसरे अंक के अन्त में जहाँ थे वहीं पर।]

सुखात्मे : (*विकृत हँसी व उत्साह से वकीली अदा से झुककर*) यस मिलॉर्ड! (*आँखें चमकती हैं*) मिलॉर्ड मुजरिमा को सबसे पहले गवाह के कठघरे में बुलाया जाये।

काशीकर : (*कान खुजलाते हुए*) मुजरिमा मिस बेणारे गवाह के कठघरे में आइए। आइए मिस बेणारे!

[बेणारे वैसे ही खड़ी]

कमाल है। न्यायासन के सामने इतना दुःसाहस! चोबदार रोकडे मुजरिमा को कठघरे में लाओ।

रोकडे : (*डर के! सिहर के!*) मैं?

[बेणारे वैसे ही खड़ी]

श्रीमती काशीकर : ठहरिए! मैं ही लाती हूँ। चोबदार क्यों चाहिए भला। (*ज़बर्दस्ती बेणारे को खींचती है।*) चल री बेणारे।

[बेणारे को ज़बर्दस्ती कठघरे में खड़ा किया जाता है। उसके चेहरे पर घुटन, डरे हुए जानवर-सा भाव]

सुखात्मे : (*बेणारे की ओर देखकर काला गाउन उत्साह से पहनकर*) मिलॉर्ड, यह मुकदमा अब गम्भीर मोड़ पर आ पहुँचा है। सो इसका स्वरूप देखते हुए आपसे विनती है कि न्यायमूर्ति भी अपना गाउन पहनेंगे तो परिस्थिति पर क़ाबू रहेगा।

काशीकर : एग्ज़ेक्टली! रोकडे। मेरा गाउन दो।

[रोकडे उन्हें काला गाउन देता है। उसे पहनते ही वातावरण गम्भीर। वे खुद भी रोबदार और गम्भीर लगते हैं।]

सुखात्मे : मिस्टर सामन्त, मिसेज़ काशीकर, पोंक्षे, कर्णिक, आप सब तरीक़े से, अनुशासित ढंग से वहाँ बैठिए।

[खुद को सँभालते हैं। आँखें मूँदकर ध्यानस्थ होकर गाल पर उँगलियाँ फेरते हुए तोबा-तोबा करते हुए कहीं दो-चार नमस्कार करते हैं।]

किसी भी कामकाज के लिए निकलने के पूर्व कुलदेवता की उपासना कर निकलने की आदत सिखायी है हमें पिताजी ने, मिस्टर काशीकर। ऐसा करने से पवित्र लगता है। मन को शक्ति प्राप्त होती है। (*शक्ति प्राप्त होने जैसे पहलवान की तरह दो-चार क़दम इधर-उधर चलकर*) हाँ! नाऊ टु बिज़नेस! गुड! मुजरिमा को शपथ दिलाइए! यानी ग्रहण करने दीजिए।

[रोकडे डिक्शनरी लेकर बेणारे के सामने खड़ा हो जाता है। बेणारे बुत की तरह खड़ी!]

काशीकर : (*टोपी सँभालते हुए*) मुजरिमा मिस बेणारे! शपथ लो!

[बेणारे बुत की तरह]

श्रीमती काशीकर : (*आगे आकर*) दो। मैं दिलवाती हूँ!
(*ठहरो! डिक्शनरी रोकडे के हाथों से लेकर*) 'बेणारे, कहो कि कसम से सच बोलूँगी। झूठ नहीं बोलूँगी।'
बोलो जल्दी!

[बेणारे चुप!]

काशीकर : कमाल है।

श्रीमती काशीकर : (*डिक्शनरी रोकडे को सौंपते हुए*) समझ लीजिए न कि शपथ ले ली उसने! उसका हाथ तो था ही डिक्शनरी पर! सुखात्मे, अब पूछिए जो पूछना है।

काशीकर : अब कोर्ट की बेअदबी हो ऐसा कोई बर्ताव नहीं होना चाहिए। कोर्ट सख़्त हिदायत देता है तुझे! सुखात्मे, गो!

कर्णिक : फायर!

सुखात्मे : (*बेणारे के सामने चक्कर काटकर, उँगली से निर्देश करते हुए*) आपका नाम लीला दामले न?

सामन्त : (*झट से*) नहीं-नहीं! बे-णा-रे। दामले उस प्रोफ़ेसर का!

श्रीमती काशीकर : सामन्त आप ज़रा सुनिए। उसे कहने दो।

सुखात्मे : मिस लीला बेणारे—

[वह न सुनने का और न देखने का प्रयत्न कर रही है]

सुखात्मे : कोर्ट को अपनी आयु बताइए।

[पोज लेकर खड़े इस विश्वास से कि वह नहीं बताएगी! बेणारे बुत-सी]

काशीकर : मुजरिमा बेणारे! गवाह के रूप में जो सवाल आपसे किये जा रहे हैं उनका जवाब देने की ज़िम्मेदारी आप पर है। (*कुछ रुककर*) आरोपी बेणारे! किस बात की राह देख रही हो? जवाब दो। आंसर द क्वैश्चन!

श्रीमती काशीकर : वही क्यों बताये? मैं समझती हूँ...कि अन्दाज़ से उसकी आयु बत्तीस के ऊपर ही होगी। कुछ ज़्यादा ही। लेकिन इससे कम नहीं होगी। चेहरा ही बता रहा है!

सुखात्मे : थैंक्यू मिसेज़ काशीकर।

काशीकर : थैंक्यू किसलिए? वेट! मुजरिमा ने अभी तक अपनी आयु बतायी नहीं है। मेरा पूरा ध्यान है। मुजरिमा बेणारे आयु?

श्रीमती काशीकर : लेकिन मैंने तो...

काशीकर : आरोपी से पूछे गये प्रश्न का उत्तर कोई और दे और उसे माना जाये ऐसी किसी कोर्ट की परम्परा नहीं है। आप बीच में मत बोलिए!
मुजरिमा प्रश्न का उत्तर दो! आंसर

[बेणारे चुप]

सामन्त : वह क्या है कि महिला से आयु पूछना हमारे यहाँ स्त्री दाक्षिण्य ...संस्कृति के ख़िलाफ़...

काशीकर : यह क्या बदतमीजी की जा रही है? प्रश्न का उत्तर न देकर? यह कोर्ट है या और कुछ?

[टेबल पर हाथ पटकते हैं प्रभाव जमाने हेतु]

पोंक्षे : बिल्कुल सही। यह कोर्ट का अपमान है।

काशीकर : मुजरिमा जवाब न देगी तो उसका कुछ इलाज ढूँढ़ना होगा। दिस इज़ द क्वैश्चन ऑफ़ दी प्रेस्टिज ऑफ़ दी कोर्ट। मुज़रिमा को जवाब देने के लिए दस सेकेण्ड का समय दिया जाता है। (*घड़ी देखने लगते हैं।*) अब कोई मज़ाक नहीं।

सुखात्मे : (*दस सेकेण्ड होने पर नाटकीयता से*) मिलॉर्ड, मुजरिमा की ख़ामोशी ही हमारे प्रश्न का जवाब है। सो वी टेक अवर क्वेश्चन बैक! हम प्रश्न वापस लेते हैं।

काशीकर : ऑल राइट! चौंतीस वर्ष से कम नहीं। चाहे तो मैं लिख लेता हूँ। मैं कह देता हूँ समाज में फिर से बाल विवाह रीति शुरू होनी चाहिए। स्त्री का ऋतुमती होने के पहले ही विवाह कर देना चाहिए। तभी सभी अनाचार बन्द होंगे। मेरी साफ़ राय है कि हमारे समाज का नुकसान सबसे ज़्यादा आगरकर और धोंडो केशव कर्वे जैसे समाज सुधारकों ने किया है। सुखात्मे! माय फ्रैंक ओपीनियन!

सुखात्मे : (*वकीली अदब से*) यस मिलॉर्ड!

[रोकडे जल्दी में काशीकर का वाक्य नोटबुक में लिख लेता है! बेणारे कठघरे में बुत-सी।]

(*बेणारे के पास पीछे से जाकर*) मिस बेणारे!

[वह चौंककर तनकर खड़ी हो जाती है।]

क्या आप कोर्ट को बता सकती हैं कि इतनी बढ़ती उम्र तक आप अविवाहित क्यों रहीं? कैसे? हाँ मैं प्रश्न थोड़ा अलग पद्धति से पूछता हूँ! आप कोर्ट से कहिए कि अब तक आपके जीवन में विवाह के कितने मौक़े आये? और वे मौक़े क्यों फिसल गये?

काशीकर : आंसर! (*घड़ी आगे दिखाकर पर वह चुप।*) दिस इज़ टू मच बाबा।

श्रीमती काशीकर : सीधी तरह से कुछ न कहने का मानो उसने तय कर रखा है।

[बेणारे चुप]

सुखात्मे : मिलॉर्ड, मुजरिमा की गवाही कुछ देर के लिए रोकी जा रही है। बाद में सही समय पर फिर ली जायेगी।

[बेणारे कठघरे से निकलकर दरवाज़े की ओर जाती है। दरवाज़ा बन्द! सामने पोंक्षे है इसलिए थोड़ा मुड़ती है। उतने में श्रीमती काशीकर उसे पकड़कर मुजरिम के कठघरे में खड़ा करती हैं।]

काशीकर : नेक्स्ट विटनेस?

सुखात्मे : मिसेज़ काशीकर।

[श्रीमती काशीकर उत्साह से पल्लू सँवारते गवाह के कठघरे में आकर खड़ी हो जाती हैं।]

काशीकर : (*सुखात्मे से*) इसे कहते हैं उत्साह! खाली पुकारने की देरी और हाज़िर हो गयी।

श्रीमती काशीकर : इतना भी 'यह' करने की ज़रूरत नहीं है! (*गवाह के स्वर में*) मैंने अभी शपथ ली है! बेणारे और मैंने–एक साथ! तो समझ लीजिए ली। और मैं सच ही कहूँगी। मुझे किस बात का डर है?

सुखात्मे : ठीक है। मिसेज़ काशीकर, आप एक जानकारी दे सकती हैं क्या? इतनी आयु बढ़ने तक मिस बेणारे अविवाहित कैसे रह सकती हैं?

श्रीमती काशीकर : उसमें क्या? विवाह नहीं हुआ इसलिए!

सुखात्मे : दैट्स इट। लेकिन आयु के बत्तीस वर्ष तक...

काशीकर : (*बीच में ही*) चौंतीस! सुखात्मे चौंतीस वर्ष!

सुखात्मे : हाँ! चौंतीस वर्ष तक एक सुशिक्षित, खानदानी लड़की का...

श्रीमती काशीकर : लड़की? अजी महिला कहिए महिला! यदि वह लड़की है तो मैं युवती, है न?

सुखात्मे : हाँ ठीक है महिला कहेंगे। लेकिन विवाह क्यों नहीं हुआ? इसका कुछ खुलासा?

श्रीमती काशीकर : सिर मेरा! खुलासा क्या! जिनको करना होता है उनके झट से हो भी जाते हैं...

सुखात्मे : यानी मिस बेणारे विवाह करना नहीं चाहती थीं। ऐसा...

श्रीमती काशीकर : और नहीं तो क्या! शादी के बगैर भी सब कुछ मिल जाने पर ऐसा ही होता है आज के ज़माने में...सुख चाहिए लेकिन ज़िम्मेदारी नहीं। मैं कहती हूँ न!, हमारे ज़माने में लड़की चाहे काली-कलूटी, लँगड़ी कैसी भी हो! उसकी शादी हो ही जाती थी। जहाँ कमाने के रोब आते हैं वहाँ यह सब नाटक चलता है। पैसा कमाने के नाम पर यह अनीति फैली है समाज में, सुखात्मे!

(*रोकडे नोटबुक में लिखता है उसे*) हो गया तेरा लिखना (*रोकड़े से*)?

(*सुखात्मे से*) आगे पूछिए।

सुखात्मे : आपने कहा कि शादी के बगैर सब कुछ मिल जाने पर ऐसा होता है...

श्रीमती काशीकर : हाँ कहा।

सुखात्मे : यह सब कुछ क्या होता है ज़रा उदाहरण के साथ कहिए मिसेज़ काशीकर!

श्रीमती काशीकर : इऽऽ (लजाती है।)

काशीकर : (*कान खुजलाते हुए*) अब इस उम्र में लजाती क्या हैं? पहले जवाब दीजिए पूछे गये प्रश्न का! आयु बढ़ गयी लेकिन समझदारी नहीं बढ़ी...

श्रीमती काशीकर : कोई ज़रूरत नहीं है मेरी आयु का पंचनामा करने की!

काशीकर : आंसर!

श्रीमती काशीकर : सब कुछ यानी गृहस्थी में मिलता है वह सब कुछ!

सुखात्मे : मुजरिमा बेणारे के सम्बन्ध में ऐसा कहना अन्यायकारक होगा ऐसा नहीं लगता आपको?

श्रीमती काशीकर : मुझे नहीं लगता! आजकल ऐसे कई उदाहरण दिखते हैं।

सुखात्मे : अन्यों का रहने दीजिए। मिस बेणारे के बाबत ऐसा कोई सबूत है आपके पास? सबूत हो तो बताइए।

श्रीमती काशीकर : और सबूत क्यों चाहिए? उसका बर्ताव ही सबूत है। अपनी है इसलिए बोलने का नहीं, इतना ही। अन्यथा पुरुषों के साथ—चाहे जितने पहचान के हों बगैर शादीशुदा औरत को इतना फ्री बर्ताव करना चाहिए? कुछ सीमा तो होनी चाहिए। ज़ोर-ज़ोर से हँसती है! गाती है! नाचती है! हँसी-मज़ाक करती है। रात नहीं देखती, दिन नहीं देखती। किस-किस के साथ घूमती रहती है अकेली...

सुखात्मे : (*इन सबूतों से अपेक्षा भंग होता है।*) मिसेज़ काशीकर! इन बातों से उस व्यक्ति के खुले स्वभाव के दर्शन होते हैं। ज़्यादा से ज़्यादा इतना कह सकते हैं।

श्रीमती काशीकर : खुला स्वभाव नहीं। हर बात में खुला। अब बोलने का वक़्त आया है। इसलिए बताती हूँ—कोर्ट से! अरे इसको

पकड़िए ज़रा! (*बुनाई-कढ़ाई का सामान सुखात्मे को सौंपते हुए*) रात के कार्यक्रमों के बाद इसे घर पहुँचाने के लिए प्रोफ़ेसर दामले ही क्यों चाहिए?

[बेणारे तय करके चुप है।]

सुखात्मे : (*साहस से*) आय सी! रात के कार्यक्रमों के बाद घर पहुँचाने के लिए मिस बेणारे प्रोफ़ेसर से ही कहती हैं।

[पोंक्षे-कर्णिक एक-दूसरे को इशारा करते हैं।]

श्रीमती काशीकर : हाँ तो एक बार–हम–यानी मैं और ये...शायद इस सितम्बर में ही....है ना जी?

काशीकर : गवाही में पूरक गवाही नहीं। जो कहना है आप कहिए।

श्रीमती काशीकर : हाँ सितम्बर में ही! यह अकेली रात में घर कैसे जायेगी इसलिये हमने कहा, 'चलो तुझे घर पहुँचाते हैं। लेकिन यह बड़ी तरकीब से दामले के साथ भाग गयी। हम ढूँढ़ते रह गये। यह गायब।'

सुखात्मे : (*वकीली पद्धति से खुश होकर*) पिक्युलिअर!

श्रीमती काशीकर : अभी कुछ देर पहले 'झूठ है, षड्यन्त्र है' कहकर चिल्ला रही थी। अब चुप क्यों है? इसी से देख लीजिए। सच आख़िर सच ही होता है। वह कढ़ाई-बुनाई का सामान दीजिए।

सुखात्मे : (*वह सामान देते हुए*) मिसेज़ काशीकर! प्रोफ़ेसर दामले गृहस्थ आदमी हैं।

श्रीमती काशीकर : हाँ! पाँच बच्चों के बाप हैं।

सुखात्मे : तो फिर बुजुर्ग की हैसियत से मिस बेणारे विशुद्ध मन से उनके साथ जाती होंगी, है न?

श्रीमती काशीकर : तो फिर हम? ये और मैं; हम क्या गुण्डे-मवाली थे क्या? दामले का ठीक! बुजुर्ग। इस बालू का क्या?

[रोकडे मन में डरता है।]

सुखात्मे : (*उत्साह से*) उसका क्या?

[बेणारे के चेहरे पर तनाव!]

श्रीमती काशीकर : वही तो बता रही हूँ। इसके साथ भी कार्यक्रम के बाद अँधेरे में बेणारे ने लागलगट की थी। बालू ने खुद मुझे बताया था। सही है ना रे बालू?

[कर्णिक के अलावा सभी में कानाफूसी! सुखात्मे उत्साह में]

रोकडे : (*दीन आवाज़ में*) हाँ...नहीं...

सामन्त : (*कर्णिक से*) नहीं साब! ये अभी मेरे साथ अकेली थीं लेकिन कुछ नहीं...(*कर्णिक उसे चुप कराता है...*)

सुखात्मे : मिसेज़ काशीकर! आप जाइए! आपकी गवाही ख़त्म। मिलॉर्ड रोकडे को पुनः गवाही के लिए बुलाया जाये। (*रोकडे सकुचाता है सुखात्मे टहलते हुए बेणारे के पास जाकर धीमी आवाज़ में*) क्यों बेणारे? खेल में रंगत आ गयी न?

काशीकर : रोकडे गवाही देने चल।

[रोकडे बेणारे की ओर न देखते हुए दबे पाँव गवाह के कठघरे में जाकर खड़ा हो जाता है।]

श्रीमती काशीकर : (*जाते समय*) बालू, डर मत, सब बता दे।

सुखात्मे : (*बालू के पास जाकर*) मिस्टर रोकडे! आपके और मिस बेणारे के सम्बन्ध के बारे में मिसेज़ काशीकर ने अभी जो खलबली युक्त गवाही दी उसमें कहा कि...(*रोकडे नकारार्थी गर्दन हिलाता है।*)

श्रीमती काशीकर : ऐ बालू, तूने कहा नहीं था मुझसे!

सुखात्मे : मिस्टर रोकडे! न डरते हुए कहिए। उस कार्यक्रम के बाद जो-जो हुआ–अच्छा-बुरा, मज़ेदार-तकलीफ़देह–वह सब कुछ अदालत से कहिए। आपका यह कर्तव्य बनता है। क्या हुआ कार्यक्रम के बाद?

रोकडे : (*अशक्त-सा*) मैं...मुझे...

सुखात्मे : कार्यक्रम के बाद हम सब कार्यक्रम स्थल से निकल गये।

कर्णिक : और ये दोनों पीछे रह गये...

श्रीमती काशीकर : और इसने हाथ पकड़ा बालू का...

पोंक्षे : गॉश!

सुखात्मे : और? क्या किया रोकड़े? क्या हुआ? व्हाट नेक्स्ट?

श्रीमती काशीकर : मैं बताती हूँ।

काशीकर : आप मत कहिए। उसे कहने दीजिए।

सुखात्मे : यस मिस्टर रोकडे! बिना डरे बताइए। बी नॉट आफ्रेड!

काशीकर : आफ्रेड? हम सब हैं न? यह क्या मुग़लाई है? (*रोकडे साहसी होते हुए अब उसे लगता है बेणारे के ख़िलाफ़ उसकी रक्षा की जायेगी।*)

रोकडे : (*साहस से*) उन्होंने मेरा हाथ पकड़ा!

सुखात्मे : यस?

रोकडे : वैसे मैंने कहा...यह ठीक नहीं...मुझे पसन्द नहीं...आपको शोभा नहीं देता...मैंने ऐसा कहा...

सुखात्मे : आगे...

रोकडे : मैंने हाथ छुड़ा लिया। वे दूर चली गयीं। मुझसे कहा, 'किसी से कुछ मत कहना जो हुआ वह...।'

बेणारे : यह झूठ है।

काशीकर : (*हथौड़ा पटक कर*) ऑर्डर-आर्डर! बीच में रुकावट डालने हेतु आरोपी को हिदायत दी जाती है। रोकडे कंटिन्यू।

रोकडे : बताओगे तो तुम्हारे ख़िलाफ़ कुछ करूँगी। ऐसे बोलीं वे मुझसे बड़े भैया! (*काशीकर की ओर देखा*)

सुखात्मे : यह कब की बात है?

रोकडे : मिलॉर्ड, मुजरिमा को यह क़तई शोभा नहीं देता कि अपने से इतनी कम उम्र वाले लड़के से—जो कि छोटे भाई समान है...एकान्त में ऐसी हरकत करें और धमकायें भी। अपना पापाचरण गुप्त रखने का उनका यह प्रयास था। यही अर्थ ध्वनित होता है।

श्रीमती काशीकर : लेकिन सच को आँच कहाँ?

सुखात्मे : आपको धमकाया। नेक्स्ट क्या हुआ रोकडे?

रोकडे : (*हाथ अपने गाल की ओर लेते हुए*) मैंने...मैंने तमाचा जड़ दिया।

पोंक्षे : व्हाट?

कर्णिक : हाऊ मेलोड्रामेटिक!

रोकडे : हाँ। मैंने कहा...आप मुझे क्या समझती हैं? आप कुछ भी कीजिए! पर मैं भाभी से कहे बगैर नहीं रहूँगा! हाँ।

काशीकर : सब कुछ उसे बताया। मुझसे मत कह हँ! क्यों रोकडे?

रोकडे : (*बुदबुदाता है।*) भैया ग़लती हुई! मुझे लगा कि...आपको भाभी से पता चलेगा ही। मैं...मैं...

सुखात्मे : आगे क्या हुआ? व्हाट नेक्स्ट-व्हाट?

रोकडे : आगे? आगे कुछ नहीं! इतना ही। मैं जाऊँ?

सुखात्मे : यस मिस्टर रोकडे...

[जेब से काग़ज़ निकालकर बुदबुदाते हुए नोट करने लगता है...आठ दिन पहले...डोंबीवली कार्यक्रम... रोकडे जल्दी-जल्दी कठघरे से बाहर...दूर जा खड़ा रहता है...पसीना पोंछते हुए। चेहरे पर सन्तोष...]

श्रीमती काशीकर : बालू बाद वाला क़िस्सा—तमाचा मारने वाला तूने मुझसे कहा नहीं था!

सामन्त : (*पोंक्षे से*) नहीं! यक़ीन नहीं आता!

[वातावरण में उल्लास]

पोंक्षे : (*अपनी जगह से, पाइप का कश खींचते*) सुखात्मे, माय विटनेस—मेरी गवाही लीजिए। मुझे ज़रा बुलाइए तो! (*नज़र दीन बेणारे पर, स्वर में उतावलापन*) मुझे बुलाइए।

काशीकर : सुखात्मे! कॉल पोंक्षे! लेट अस हिअर हिम—बुलाओ। सुना ही जाये अब!

सुखात्मे : मिस्टर पोंक्षे को गवाह के रूप में बुलाया जाये।

रोकडे : मिस्टर पोंक्षे! चलिए गवाही के लिए।

[पोंक्षे कठघरे में खड़ा होता है।]

पोंक्षे : पुनः शपथ लूँ? ऑक्सफोर्ड इंग्लिश डिक्शनरी पर हाथ...

काशीकर : समझे! सुखात्मे चलिए, पूछिए।

सुखात्मे : मिस्टर पोंक्षे! मुजरिमा मिस बेणारे के बारे में...

पोंक्षे : (*नज़र बेणारे पर*) बताने लायक मेरे पास कुछ अहम् बात है।

[बेणारे बैठी-बैठी तनकर और तनाव में]

उनसे बस इतना ही पूछिए कि उनके पर्स में हमेशा 'टिक् ट्वेंटी' की बोतल वे क्यों रखती हैं?

[बेणारे को झटका लगता है।]

श्रीमती काशीकर : अब यह क्या नया है?

पोंक्षे : यह खटमल मारने की जालिम दवा है। फेमस!

सामन्त : (*कर्णिक से*) घर के लिए ले जाती होंगी।

सुखात्मे : यह जालिम दवा टिक् ट्वेंटी बेणारे के पर्स में होती है। यह आप कैसे जानते हैं मिस्टर पोंक्षे? यह बात अदालत को बताइए!

[बेणारे बेहद तनाव में]

पोंक्षे : उनकी एक छात्रा हमारी चाल में रहती है। लगभग दस दिन पहले एक दिन वह मेरे पास आयी और बोली हमारी मैडम ने आपको दिया है!

काशीकर : क्या टिक् ट्वेंटी?

पोंक्षे : बन्द लिफ़ाफ़े में एक चिट्ठी थी। लिफ़ाफ़ा खोला तो उसमें और एक लिफ़ाफ़ा था। वह भी बन्द। उसमें एक काग़ज़ था जिस पर लिखा था, 'मुझसे मिलेंगे क्या? काम है! दोपहर में सवा एक बजे स्कूल के पीछे उडुपी के होटल में मैं आऊँगी! आप वहाँ बैठिए।' यह बात मुझे अच्छी नहीं लगी! लेकिन मैं गया। क्या माजरा है यह देखने के लिए। महज़ मज़े के तौर पर! पाँच मिनट में मिस बेणारे आयीं। चेहरे पर चोरी जैसा भाव! जल्दी में उनका आना।

[बेणारे अत्यधिक तनाव में]

सुखात्मे : आय सी।

काशीकर : आगे क्या हुआ, पोंक्षे।

पोंक्षे : उन्होंने कहा, 'यहाँ नहीं।' कोई देखेगा। भीतर फैमिली रूम में बैठेंगे।

श्रीमती काशीकर : वाह री!

पोंक्षे : हम फैमिली रूम में बैठे। चाय का ऑर्डर दिया। मिस बेणारे का मुझसे जो काम था वह होने पर उन्होंने रूमाल निकालते हुए पर्स खोला तो पर्स में से एक बोतल नीचे गिरी।

[पल भर भयावह ख़ामोशी]

सुखात्मे : वह टिक् ट्वेंटी का बोतल था। गुड। लेकिन मिस्टर पोंक्षे आपने यह नहीं बताया कि मिस बेणारे का आपसे क्या काम था? बोतल गिरने से पहले क्या हुआ था?

[बेणारे आवेग से नकारार्थी गर्दन हिलाती है]

पोंक्षे : उन्होंने मुझसे विवाह करने की इच्छा ज़ाहिर की।

कर्णिक और श्रीमती काशीकर : क्या!!

[रोकडे और सभी चौंकते हैं।]

काशीकर : सुखात्मे, यह कल्पनातीत इंटरेस्टिंग है। (*बेणारे पर भुक्कड़ वकीली नज़र*) क्या उन्होंने आपसे प्रेम होने की बात कही?

पोंक्षे : नहीं! यह कहा कि मैं पेट से हूँ।

[हलचल, हड़बड़ी, कानाफूसी! बेणारे मुरझायी हुई, चेहरा नीचे झुकाये, पत्थर-सी बैठी है।]

कर्णिक : ऐ पोंक्षे, सच कह रहा है क्या?

पोंक्षे : झूठ क्यों बोलूँ भला?

काशीकर : कंटिन्यू...पोंक्षे! रुकिए मत!

सुखात्मे : मिस्टर पोंक्षे!

पोंक्षे : बेणारे ने मुझे कसम दिलायी थी कि मैं उनका नाम किसी से न कहूँ! मैंने आज तक वह कसम निभायी।

श्रीमती काशीकर : लेकिन कौन है वह?

काशीकर : चुप रहने का क्या लेंगी? द कैट विल बी आउट ऑफ़ द बैग! इतनी उतावली क्यों हो रही हैं आप? मेरी समझ में नहीं आता पोंक्षे कि किसी एक के होने वाले बच्चे की माँ...दूसरे से यह कहकर उससे शादी का प्रस्ताव रखती है...

पोंक्षे : एग्ज़ेक्टली!

सुखात्मे : इस पर आपने क्या कहा मिस्टर पोंक्षे? मानवतावादी विचार कर विशाल दृष्टिकोण से सवत्स धेनु को स्वीकार करने की तैयारी दर्शायी क्या?

पोंक्षे : मेरा जवाब स्पष्ट है।

सुखात्मे : अर्थात्! नकार।

पोंक्षे : यस!

सुखात्मे : टिक् ट्वेंटी की बोतल पर्स से गिरी वह इसके बाद वाला सीन था न? मिस्टर पोंक्षे?

पोंक्षे : ऑफ़कोर्स! मैंने ही उठाकर दी उन्हें बोतल! और बाद वाला उनका—मेरा संवाद कहूँ?

बेणारे : (*उफनकर*) नहीं! नहीं! नहीं!!!

काशीकर : (*हथौड़ा पटक कर*) सायलेन्स! मिस्टर पोंक्षे, संवाद कहिए! (*सुखात्मे से*) अब नाम भी पता चलेगा।

बेणारे : नहीं! पोंक्षे शपथ है मेरी आपको?

सुखात्मे : मिस बेणारे धर्मसंकट में पड़ गयीं! ऐसा क्या संवाद हुआ आप दोनों में।

काशीकर : पोंक्षे झट से कहिए! रुकिए मत। यह अहम् रूप से सामाजिक मुद्दा है...

पोंक्षे : लेकिन उनको पसन्द नहीं आयेगा।

काशीकर : (*हथौड़ा पटकते हुए*) यहाँ जज कौन है मिस्टर पोंक्षे? और मुजरिमा को अच्छा लगे, बुरा लगे इसका विचार अदालत में कब से होने लगा? फ्रॉम ह्वेन? आय से कंटिन्यू...

बेणारे : (*पोंक्षे के सामने आकर*) पोंक्षे...

काशीकर : (*हथौड़ा पटकते हुए*) ऑर्डर। मुजरिमा कठघरे में जायें। रोकडे, मुजरिमा को कठघरे में ले जाओ...

[रोकडे थोड़ा आगे बढ़ता है।]

बेणारे : आप कहकर तो देखिए पोंक्षे!

काशीकर : मुजरिमा...कठघरे में चलिए...रोकडे...

श्रीमती काशीकर : (*आगे आकर बेणारे का हाथ पकड़कर*) चल री। पहले वहाँ खड़ी हो जा। रोकडे पकड़ हाथ।

[रोकडे सिर्फ़ पीछे चलता है।]

चल री जल्दी।

[उसे खींचते हुए कठघरे में खड़ा कर देते हैं और श्रीमती काशीकर और रोकडे उसके पहरेदार बन जाते हैं।]

काशीकर : अनुशासन यानी अनुशासन! पोंक्षे आप जारी रखिए आपका कहना। क्या हुआ था संवाद? (*मेरी कनखोदनी किधर है?*) हाँ मिली। बोलिए।

सुखात्मे : मिस्टर पोंक्षे, क्या था संवाद?

पोंक्षे : इधर-उधर की बातें हुईं। यानी 'सुखात्मे वैसे भला आदमी है। लेकिन किस्मत का मारा है बेचारा। वकालत चलती नहीं। बार रूम में पेशन्स खेलते बैठता है। उसके बारे में तो मशहूर है कि केस सुखात्मे के पास गया तो समझो जेल जाना पक्का! जज के सामने उसकी घिग्घी बँध जाती है...'

सुखात्मे : (*गुस्सा, अपमान बर्दाश्त करते हुए*) आय सी...यस आय सी—बोलते जाइए आप!

पोंक्षे : (*काशीकर रोकडे को बेहाल करते हैं। क्योंकि उनके मन में हमेशा शक बना रहता है कि रोकडे का और उनकी पत्नी का कुछ चक्कर चल रहा है! क्योंकि उनकी सन्तान नहीं है न...*)

श्रीमती काशीकर : ऐसा कहा उसने? (*दुखी होकर बेणारे की ओर आग बबूला होकर देखती है।*)

काशीकर : (*ज़ोर-ज़ोर से कान कुरेदते हुए*) हाँ कहते रहिए...

पोंक्षे : ऐसी इधर-उधर की बातें हुईं। फिर वह बात...

कर्णिक : वेट! मेरे बारे में क्या कहा उसने?

पोंक्षे : कुछ नहीं!

कर्णिक : ज़रूर कुछ कहा होगा। मैं फालतू अभिनेता हूँ...ऐसा ही कुछ कहा होगा। मैं जानता हूँ उसका मत...अच्छी तरह से जानता हूँ उसे।

पोंक्षे : उन्होंने सहज ही पूछा, 'आपका कहीं मामला जम गया है क्या?' मैंने कहा, 'नहीं! मन मुताबिक़ जब तक नहीं मिलता तब तक मैं इंटरेस्टेड नहीं हूँ शादी करने में!' तब उन्होंने पूछा, 'यानी कैसे? क्या अपेक्षाएँ हैं? मन मुताबिक़ यानी?'

मैं : आमतौर पर लड़कियाँ मूरख और पागल होती हैं। ऐसा मेरा मानना है। मुझे—आय वॉन्ट मैच्योर पार्टनर—

वह : मैच्योरिटी यानी प्रबुद्धता अनुभव से आती है। ऐसा आपको नहीं लगता।

मैं : पता नहीं।

वह : और अनुभव आयु के साथ वृद्धिंगत होता है। कुछ अलग पद्धति के जीने से आता है और ऐसा अनुभव सुखद होता है। अनुभव लेने वाले को उससे यातनाएँ होती हैं लेकिन अन्यों से वह आमतौर पर स्वीकारा नहीं जाता। आप स्वीकारने के लिए तैयार हो जायेंगे? यानी सचमुच कोई आपसे आयु और शिक्षा से अधिक मैच्योर?

मैंने कहा : अब तक मैंने ऐसा कोई विचार सीरियसली नहीं किया है।

वह : तो फिर कीजिए। ऐसा मेरा कहना है आपसे! मैंने पूछा—क्या आपकी नज़र में ऐसी कोई लड़की है? उन्होंने कहा—हाँ है। आप जैसा चाहते हैं वैसी है वह। सिर्फ़ आपको उसका 'अलग होना' समझ लेना होगा। मेरी समझ में नहीं आ रहा था कि मेरा विवाह तय करने की इनको क्या पड़ी है? मैंने यूँ ही पूछा, 'अलग होना यानी क्या?' तब उन्होंने कहा—उस लड़की का प्रेम भंग हुआ है।...और यह भी कहा...क्या कहा?—ठहरिए याद करता हूँ...हँ यह कहा कि उस प्यार का फल...यहाँ वे थोड़ा सकुचायीं...फिर कहा उसके पेट में है। उस लड़की का कोई दोष नहीं है। परिस्थितियाँ भयावह हैं और वह लड़की उस बच्चे को जन्म देना चाह रही है। दरअसल यही वजह है कि इसके बाद वह जीना चाह रही है। उस बच्चे की ख़ातिर!...शादी भी इसीलिए करनी है उसे। मुझे शक हुआ। इसीलिए मैंने जानबूझकर पूछा—अरे...रे! बुरा हुआ उसके साथ! आख़िर कौन है वह पापी?

सुखात्मे : तब उन्होंने प्रोफ़ेसर दामले का नाम बताया?

पोंक्षे : नहीं। उसके पहले उन्होंने कहा—उन्हें पापी वग़ैरह मत कहिए। हो सकता है वह भलामानस हो! बड़ा विद्वान होगा। उस लड़की में ही शायद कहीं कोई कमी हो। वह उसे समझा नहीं पायी होगी कि उसके मन में उसका और बच्चे का कितना ऊँचा स्थान है। बल्कि यूँ कि उस आदमी से ज़्यादा उसे बच्चे का महत्त्व अधिक है।

सुखात्मे : और?

पोंक्षे : और यह कि लड़की ने उस व्यक्ति की विद्वत्ता से भक्ति की लेकिन उसे केवल लड़की का शरीर ही समझ में आया। आगे भी वे इसी अर्थ का काफ़ी कुछ बोलती रहीं। उसे दामले की गृहस्थी में स्थान मिलना असम्भव है इस बारे में।

सामन्त, कर्णिक

सुखात्मे : दामले के?

काशीकर : (*टेबल पर हाथ पटक कर*) द कैट इज़ आउट ऑफ़ द बैग।

पोंक्षे : दरअसल नाम न बताने की कसम से मैं बँधा हुआ था लेकिन...

सुखात्मे : डज़ेंट मैटर मिस्टर पोंक्षे। अनावधान से तोड़ी हुई कसम से पाप नहीं चढ़ता। कम-से-कम कोर्ट में तो नहीं ही। यानी वह पेट का गर्भ प्रोफ़ेसर दामले का, आगे कहिए...

पोंक्षे : और उन्होंने मेरे पाँव पकड़े...

काशीकर : आय सी...

पोंक्षे : जब उन्होंने मेरे पाँव पकड़े तब मैंने सीधे कहा—आपको यह शोभा नहीं देता मिस बेणारे, आपने मुझसे यह पूछा इसी को मैं अपना अपमान समझता हूँ। मैं क्या इतना गिरा हुआ लगता हूँ आपको? तब...मेरा वह चेहरा देखकर वे उठीं। हँसती गयीं! बोलीं—आपको क्या लगता है यह सब सच है? मैंने मज़ाक किया और आपने सच माना। वे हँसती रही लेकिन...

श्रीमती काशीकर : मज़ाक?

पोंक्षे : लेकिन उनकी आँखें भर आयी थीं। इससे साफ़ ज़ाहिर था कि...और वे हड़बड़ी में चली गयीं। देर हो रहीं है कहकर!

सुखात्मे : थैंक्यू मिस्टर पोंक्षे—फॉर द वैल्युएबल प्रूफ़ यू हैव गिवेन! (*पोंक्षे कठघरे के बाहर आता है। सुखात्मे लिख लेता है...दस दिन पहले...रोकडे...उसके दो दिन पहले...*) दैट्स फाइन मिलॉर्ड। यह प्रमाण इतना ठोस है कि इस पर सिर खपाने की कोई ज़रूरत नहीं है। संशयातीत

है। मुजरिमा ने पहले पोंक्षे को पकड़ा लेकिन वहाँ दाल नहीं गली, तो रोकडे को...अब मुजरिमा की गवाही ...मिलॉर्ड...

[बेणारे की ओर निर्देश। वह अधमरी है।]

कर्णिक : (*नाटकीयता से*) वेट। वेट। इस मुकदमे सम्बन्धी महत्त्वपूर्ण तथ्य मुझे उजागर करने हैं।

सुखात्मे : मिस्टर कर्णिक, इन द बॉक्स।

[वह खोखली नाटकीयता से खड़ा होता है। काशीकर ज़ोर-ज़ोर से कान खुजलाता है।]

सुखात्मे : स्पीक मिस्टर कर्णिक। अदालत से क्या कहना चाहते हैं आप?

कर्णिक : (*रोब जताते हुए*) मुजरिमा बेणारे और रोकडे के सन्दर्भ में जो सबूत रोकडे ने अदालत के सामने पेश किया वह ग़लत है।

रोकडे : (*फटी आवाज़ में*) आपका क्या सम्बन्ध?

कर्णिक : क्योंकि इस प्रसंग में जो बोला गया जो हुआ उसका इत्तेफ़ाक से मैं साक्षी रहा हूँ।

काशीकर : (*कान साफ़ करते हुए*) कौन सा प्रसंग? अब ज़्यादा जटिलता में न जाते हुए कहिए...

कर्णिक : जीवन ही एक जटिल बात है—पाश्चात्य नाटककार यानी नाटककार आयनेस्को

काशीकर : (*हथौड़ा पटकते हुए*) टु दि पॉईंट। विषयान्तर नहीं। मुद्दे के सन्दर्भ में बात कीजिए।

कर्णिक : जटिलता की बात छेड़ी गयी इसलिए कहा।

सुखात्मे : मुजरिमा बेणारे और गवाह रोकडे के बारे में जो कहा गया है मिस्टर कर्णिक, अदालत के सामने आप उसमें क्या संशोधन करना चाहते हैं?

कर्णिक : सच को याद कर मुझे यह कहना पड़ेगा कि रोकडे ने मुजरिमा के मुँह पर तमाचा नहीं मारा।

रोकडे : (*दबी आवाज़ में*) यह झूठ है।

कर्णिक : जो घटित हुआ वह कुछ ऐसा था—मुजरिमा ने रोकडे को रोका। मैंने देखा सो आगे क्या होता है यह देखने के

लिए अँधेरे में खड़ा रहा। मुजरिमा ने पूछा—फिर क्या तय किया आपने?
रोकडे के शब्द थे—भाभी की इजाज़त के बगैर मैं कुछ कर नहीं पाऊँगा। मुझसे विनती मत करना। तब मुजरिमा ने कहा—भाभी की गुलामी में कब तक जीवन गुजारेंगे? तब रोकडे बोला—इलाज नहीं। होती है किसी की किस्मत ऐसी! मैं शादी का विचार नहीं कर सकता। मुजरिमा ने कहा—फिर विचार करो। मैं पालूँगी आपको। कोई कमी नहीं होने दूँगी। भाभी-भैया से डरने की कोई बात ही नहीं रहेगी। आप स्वतन्त्र होंगे। तब रोकडे बोला—मुझे डर लगता है और आपकी ऐसी हालत में मैं शादी करूँगा तो लोग थूकेंगे मुझ पर। हमारे खानदान में किसी ने ऐसा कुछ नहीं किया। आप मुझ पर अवलम्बित मत रहना। वरना भाभी से कहूँगा। इस पर मुजरिमा ने गुस्से से...

रोकडे : (*फटी आवाज़ में*) झूठ है।

कर्णिक : रोकडे के मुँह पर तमाचा जड़ा।

रोकडे : झूठ है। बिल्कुल झूठ।

[श्रीमती काशीकर रोकडे की ओर गुस्से से देखती हैं।]

सुखात्मे : थैंक्यू मिस्टर कर्णिक। यानी मुजरिमा ने रोकडे पर शादी के लिए दबाव डाला। यह सत्य है। हाँ मतभेद इसमें है कि किसने किसे तमाचा मारा।

कर्णिक : देखने में भी भिन्नता है।

सुखात्मे : दैट्स सो मिस्टर कर्णिक। (*कठघरे से बाहर जाने का निर्देश करते हैं।*)

कर्णिक : मुझे और भी कहना है।

काशीकर : कुछ लफड़े का न हो तो सुनाइए। जटिलता नहीं चाहिए।

कर्णिक : मिलॉर्ड।

काशीकर : (*हथौड़ा पटकते हुए*) आप क्या खुद को वकील समझते हैं? गवाह हैं सो गवाह जैसे कहिए—न्यायमूर्ति महाराज!

कर्णिक : न्यायमूर्ति महाराज—

काशीकर : हाँ! कहिए! सरल बात कहिए। जटिलता नहीं।

रोकडे : (*धीमे से मिसेज़ काशीकर से*) भाभी!

श्रीमती काशीकर : चुप। बात मत कर मुझसे।

[मुँह फेर लेती है। वह और दीन होता है।]

कर्णिक : न्यायमूर्ति महाराज! मुजरिमा का मौसेरा भाई मेरी पहचान का है। संजोग से परिचय हुआ–दादर जिमखाना पर क्रिकेट मैच के दौरान। यानी हम दोनों का कॉमन फ्रेंड 'बैचलर्स इलेवन' से खेल रहा था। मेरा वह फ्रेंड मुजरिमा को पहचानता है। यानी काफ़ी उसे पहचानते हैं। अप्रत्यक्ष रूप से। मुजरिमा के बारे में उन्हें जानकारी है।

काशीकर : आय सी–आप गपशप की अदा में क्या कह रहे हैं? अदालत का मान-सम्मान है कि नहीं कुछ?

कर्णिक : (*सम्मान देने वाला पोज़ लेकर*) तो मुजरिमा के मौसेरे भाई और मुझमें सहज बात छिड़ी। उसने मुझे इम्पोर्टेंट इंफॉरमेशन। यानी जानकारी दी।

सुखात्मे : क्या?

कर्णिक : यही कि मुजरिमा ने एक बार आत्महत्या का प्रयत्न किया था।

सुखात्मे : (*ख़ुशी से*) दैट्स द पॉइंट। टिक् ट्वेंटी बोतल की परम्परा है।

कर्णिक : ऐसा नहीं कह सकते लेकिन जो घटित हुआ वह मैं बताना चाहता हूँ। मुजरिमा ने प्रेमभंग के कारण आत्महत्या का प्रयत्न किया था। और यह निराशा उसे प्रेमभंग से आयी थी जो कि मुजरिमा ने पन्द्रह वर्ष की आयु में अपने मामा से प्रेम किया था।

श्रीमती काशीकर : (*अचरज से*) मामा से?

सुखात्मे : मिलॉर्ड मामा से यानी माँ के भाई से अनैतिक सम्बन्ध।

काशीकर : पहला मोड़! वाह सुखात्मे!

सुखात्मे : मिलॉर्ड वाह क्या बात है? मुजरिमा का बर्ताव शुरू से बहका हुआ है। भूतकाल भी पतनशील है। बात एकदम साफ़ है।

[बेणारे लुढ़कती हुई दरवाज़े की ओर बढ़ती है। श्रीमती काशीकर उसे बुरी तरह से खींचकर कठघरे में लाती है।]

श्रीमती काशीकर : कहाँ चली री? दरवाज़ा बन्द है। बैठ यहाँ।

कर्णिक : मेरी बात ख़त्म नहीं हुई है।

[काशीकर को बनावटी अभिवादन कर कठघरे से बाहर आकर अपना स्थान ग्रहण करता है।]

काशीकर : (*सहसा कुछ याद आने जैसा टेबल पर हाथ पटककर*) कोई शक नहीं। शक की कोई गुंजाइश नहीं सुखात्मे!

सुखात्मे : मिलॉर्ड किस सन्दर्भ में?

काशीकर : बताता हूँ सुखात्मे, अदालत की परम्परा नज़रअन्दाज़ कर मैं बेहद महत्त्वपूर्ण साक्ष्य देने जा रहा हूँ।

सुखात्मे : मिलॉर्ड।

काशीकर : इस मुकदमे का बहुत बड़ा सामाजिक महत्त्व है। सुखात्मे, यह मज़ाक नहीं है। अदालत की प्रचलित परम्परा भंग कर मुझे गवाही देनी ही चाहिए। सुखात्मे आस्क मी! आस्क मी परमिशन!

सुखात्मे : मुकदमे की अहमियत को देखते हुए, परम्परा के अपवादस्वरूप स्वयं न्यायदेवता को गवाह के कठघरे में आने के लिए इजाज़त दी जाये।

काशीकर : परमिशन ग्रांटेड! (*कठघरे में खड़े हो जाते हैं।*) क्रॉस मी। कम ऑन (*बोलने के लिए व्याकुल! नज़र बेणारे पर।*) कोई शक नहीं।

सुखात्मे : (*वकीली अदा से*) मिस्टर काशीकर, आपका व्यवसाय?

काशीकर : सोशल वर्कर उर्फ़ सामाजिक कार्यकर्ता।

सुखात्मे : मुजरिमा को पहचानते हैं आप?

काशीकर : अच्छी तरह से। यह समाज में धँसी हुई अनैतिकता की जोंक है। मेरी स्पष्ट राय है। ये अविवाहित प्रौढ़ाएँ।

सुखात्मे : (*विशेष अधिकार से*) बिना पूछे राय मत दीजिए। मिस्टर काशीकर।

काशीकर : राय यानी राय। उसे व्यक्त करने के लिए मैं किसी की अनुमति के लिए रुकूँगा नहीं।

पोंक्षे : ब्रावो!

सुखात्मे : मत रुकिए! मिस्टर काशीकर, कोर्ट में मुजरिमा पर जो आरोप लगाया गया है उस सन्दर्भ में आप कोई सबूत पेश करना चाहते हैं क्या?

काशीकर : उसी के लिए तो यहाँ खड़ा हूँ।

सुखात्मे : कहिए।

काशीकर : (*बेणारे की ओर देखते हुए*) मुम्बई के एक सुप्रसिद्ध नेता हैं नानासाहब शिन्दे। मेरा उनके यहाँ आना-जाना रहता है। समाज सेवा हमारे बीच का पुल है। वे शिक्षण मण्डली के अध्यक्ष हैं। उनकी महानता अलग। उससे हमारी बराबरी नहीं। हाँ तो बीच में कभी उनके यहाँ गया था। रात के नौ बजे थे। काम था सो बैठा था उनके यहाँ। पड़ोस के कमरे का संवाद सुन रहा था!

[बेणारे चौंक जाती है।]

संवाद में नानासाहब की आवाज़ थी और दूसरी आवाज़ भी कुछ परिचित-सी लगी।

श्रीमती काशीकर : किसकी थी वह आवाज़?

काशीकर : सुखात्मे! समझाइए। इस तरह बीच में टोका न जाये। रुकावट नहीं चाहिए। हाँ तो वह दूसरी आवाज़ किसकी थी यह समझ में आने के पहले ही संवाद समाप्त हुआ। नानासाहब बाहर आये। बातों-बातों में उन्होंने बताया, 'हमारी शिक्षण मण्डली के हाईस्कूल में एक टीचर हैं। वे आयी थीं। लगातार आ रही हैं। उनके बारे में चली एक इंक्वायरी ड्रॉप करने के लिए कह रही हैं। महिला जवान है। झट से 'ना' नहीं कह सका। बाद में बुला लिया है।' मेरे मन में उत्सुकता थी कि वे कौन हैं? नानासाहब कुछ बोले नहीं पर अब पक्का लग रहा है कि वे कोई और नहीं थीं बेणारे मैडम ही थीं। वही आवाज़! कोई शक नहीं।

श्रीमती काशीकर : हाँ क्या?

काशीकर : पक्का क्यों लग रहा है। पूछिए सुखात्मे! क्योंकि आज सुबह नानासाहब को जन्मदिन की बधाइयाँ देने गया था। नाना साहब फ़ोन पर गुस्से में किसी से बात कर रहे थे। 'विवाह पूर्व गर्भधारण? ऐसी औरत पढ़ा नहीं सकती। अनैतिक है। उस औरत को काम से हटा दीजिए। दूसरा कोई रास्ता नहीं है।' और अन्त में उन्होंने ऑर्डर ही

दिया—आज ही हस्ताक्षर के लिए उनको निकाल देनेवाला ऑर्डर मेरे पास भेज दीजिए।

[बेणारे हादसे से असन्तुलित होती है।]

अब बताइए आपके सामने कौन आता है?

ये बेणारे ही।

सामन्त : अ...रे...रे! नौकरी चली जायेगी उनकी!

सुखात्मे : नो इलाज मिस्टर सामन्त! टिट फॉर टैट। जैसी करनी वैसी भरनी। जीवन का यही नियम है।

[रोकडे नोटबुक में लिखने लगता है।]

लेकिन मिस्टर काशीकर आप किस बलबूते पर कह रहे हैं कि ये ही हैं वह औरत। बेणारे ही हैं?

काशीकर : सरल बात है। इतना भी न समझूँ? मैं कोई दूध पीता बच्चा हूँ क्या? चालीस साल का मेरा अध्ययन है समाज का! आप हैं कहाँ? मैं भाँप लेता हूँ। तिनका पकड़कर दरिया लाँघता हूँ। मेरे मन में मेरे तर्क के प्रति बिल्कुल आशंका नहीं है। बेणारे ही हैं। कल देखिए उसे ऑर्डर मिलता है कि नहीं!, स्कूल से निकाल दिये जाने का ऑर्डर। यही मैं दर्ज कराना चाह रहा था। (कठघरे से सीधे न्यायासन पर जाकर बैठते हैं।) प्रॉसिक्यूशन कंटिन्यू!

[बेणारे के हाथ में छोटी बोतल! वह मुँह में लगाने ही वाली थी कि कर्णिक झट से बोतल को धक्का देते हैं। बोतल गिरकर पोंक्षे के पैर के पास जाती है।]

पोंक्षे : (*बोतल उठाकर न्यायमूर्ति के टेबल पर रखता है।*) टिक् ट्वेंटी।

[सामन्त घबराया हुआ! काशीकर देखते हैं। रख देते हैं।]

काशीकर : प्रॉसिक्यूशन कंटिन्यू!

सुखात्मे : इस अन्तिम गवाही ने महत्त्वपूर्ण काम किया है। हमारा काम समाप्त। अब मिलॉर्ड द केस फॉर द प्रॉसिक्यूशन रेस्ट्स (*थकान से कुर्सी में जाकर धँसते हैं।*)

काशीकर : (*न्यायमूर्ति की गम्भीरता से*) ॲटर्नी फॉर द एक्यूज़्ड!

[सुखात्मे आरोपी के वकील की हैसियत से उस स्टूल पर जाकर गर्दन मरोड़कर बैठते हैं।]

आपके गवाह हों तो बुलाइए।

सुखात्मे : (*आलस से, वकीली अभिवादन कर मुरझाए स्वर से*) यस मिलॉर्ड! हमारे पहले गवाह हैं प्रोफ़ेसर दामले।

रोकडे : (*चोबदार जैसे*) प्रो. दामले? दामले हाज़िर हों? (*काशीकर से*) प्रो. दामले ग़ैर-हाज़िर।

काशीकर : (*सुखात्मे से*) नेक्स्ट विटनेस प्लीज़।

सुखात्मे : माय नेक्स्ट विटनेस, नानासाहब शिन्दे।

काशीकर : (*दाँत कुरेदते हुए*) ग़ैर-हाज़िर। वे कहाँ आयेंगे? नेक्स्ट।

सुखात्मे : इस मण्डल के सदस्य मिस्टर रावते!

काशीकर : वे भी ग़ैर-हाज़िर! आरोपी के गवाह इतने ही?

सुखात्मे : मिलॉर्ड, फरियादी पक्ष के गवाहों से फिर से साक्ष्य लेने की ज़रूरत है।

काशीकर : नामंज़ूर! टेक योर सीट।

सुखात्मे : केस फॉर द एक्यूज़्ड रेस्ट्स। (*जाकर मुजरिमा के वकील के स्टूल पर धड़ाम से बैठ जाते हैं।*)

काशीकर : (*दाँत में फँसा कुछ थूककर*) गुड! नाऊ ॲटर्नी फॉर द प्रॉसीक्यूशन, आर्ग्यू! अब ज़्यादा वक़्त मत लेना।

[सुखात्मे जगह बदलते हैं। पहले वाली कुर्सी में आकर बैठते हैं और पहलवान की तरह खड़े होकर]

काशीकर : संक्षेप में निबटाइए—

सुखात्मे : (*सरकारी वकील की हैसियत से*) मिलॉर्ड, आरोपी मिस लीला बेणारे पर लगाये गये आरोपों का स्वरूप भयावह है। मुजरिमा ने स्वर्ग जैसे पवित्र मातृत्व पर कलंक लगाया है। कानून की कोई भी सज़ा इस अपराध के लिए कम ही है। मुजरिमा का चालचलन (*कैरेक्टर*) अनैतिक है। उसने सामाजिक, नैतिक मूल्यों का घोर अपमान किया है। ऐसे बर्ताव वाला मुजरिम समाज का भयावह शत्रु ही है। ऐसी समाज-विघातक प्रवृत्तियों को यदि बढ़ावा मिलेगा तो इस देश का और देश की संस्कृति का पतन ही होकर रहेगा। इसीलिए मुजरिमा के इस गुनाह के

प्रति क़तई सहानुभूति न दिखाते हुए कर्मठता से फैसला करने की आवश्यकता की ओर हम सम्माननीय कोर्ट को ध्यान देने की विनती करते हैं। मुजरिमा पर भ्रूण हत्या का आरोप है लेकिन उससे भी बढ़कर उसने भयावह गुनाह किया है। वह यह कि विवाह पूर्व मातृत्व! जिसे हमारे धर्म ने, परम्परा ने पाप माना है। और तो और इस ग़ैर-कानूनी मातृत्व से हुई सन्तान की परवरिश करने का मुजरिमा का ठोस निर्णय यदि सफल होता है तो समाज का अस्तित्व ही ख़तरे में आ जायेगा और नैतिक मूल्य नाम की कोई चीज़ ही नहीं रहेगी। इसे यदि रोका नहीं गया तो विवाह संस्था ही अशेष हो जायेगी और अनाचार, दुराचार, अनैतिक सम्बन्ध आदि का बोलबाला होगा और संस्कार सम्पन्न हमारे समाज का सपना मिट्टी में मिल जायेगा। मुजरिमा ने हमारी परम्परा, अस्मिता, संस्कृति, धर्म की जड़ को ही उखाड़ फेंकने का जैसे षड्यन्त्र रचा है। अतः इसको रोकना, सफल न होने देना न्याय देवता का और हममें से हर एक ज्ञानी, विवेकशील नागरिक का पवित्र, अनिवार्य कर्तव्य है। मुजरिमा स्त्री है इसलिए इस मामले पर सहानुभूति से विचार करने की आवश्यकता नहीं है क्योंकि सामाजिक स्वास्थ्य की ज़िम्मेदारी दरअसल स्त्री की ही होती है। 'न स्त्री स्वातन्त्र्यमर्हति' यह हमारी परम्परा की धारणा है और उसका आदर करना ही चाहिए। सो हमारी ठोस माँग है कि 'न मिस बेणारे स्वातन्त्र्यमर्हति!' मुजरिमा को सख़्त से सख़्त सज़ा सुनायी जाये यह हमारी विनती है। इसी के साथ हम अपनी कार्यवाही समाप्त करते हैं।

काशीकर : गुड! अटर्नी फॉर द एक्यूज़्ड। मुजरिमा का वकील।

सुखात्मे : (*सुखात्मे जगह बदलकर उदास चेहरे से उठते हैं। और जान पर बीती है जैसे क़दम उठाकर झूठ-मूठ की संवेदना से*) मिलॉर्ड, गुनाह भयावह है इसलिए मैं बहस करना नहीं चाहता। लेकिन मनुष्य पतनशील है। जवानी भरमाती है। मोह में फँसाती है इसे मद्देनज़र रखते हुए मुजरिमा

के इस भयावह गुनाह को क्षमाशीलता से देखा जाये। मानवता के नज़रिये से मिलॉर्ड!

[न्यायमूर्ति के टेबल के पास आते हैं। बेणारे बेजान-सी]

काशीकर : गुड! नाऊ मुजरिमा बेणारे–

[वह ख़ामोश]

सज़ा सुनाने के पहले मुजरिमा आप अपने पर लगाये गये इल्ज़ामों के बारे में कुछ सफ़ाई पेश करना चाहेंगी क्या? आपको दस सेकेंड दिये जाते हैं। (*घड़ी देखते हैं*)

[बेणारे वैसी ही बेजान-सी! कहीं से पार्श्वसंगीत सुनायी देता है। प्रकाश बदलता है। कोर्ट जैसा है वैसा स्टैंडस्टिल! बेणारे खड़ी रहती है तनकर!]

बेणारे : हाँ मुझे काफ़ी कुछ कहना है। (*आलस झटकते हुए, अँगड़ाई लेते हुए*) कई साल बीत गये। कुछ कहा ही नहीं। पल आते रहे। पल बीतते रहे। एक-एक तूफ़ान गले में अटकता रहा। सीने में मरणप्रायः आक्रोश उभरते रहे। लेकिन हर बार होंठ भिंचे रह गये। लगा कि कोई इसे समझ ही कैसे सकेगा? दहाड़ती लहरें होंठों तक आकर बिफर-बिफर जाती हैं। तब आसपास के लोग पागल, अल्पबुद्धि, मूरख ही लगने लगते हैं जिसे अपना कहा या माना जाता है वह भी! लगता था यह सब हँसी के साथ खिलखिलाती हँसी के साथ पचाती जाऊँ और तब भीतर ही भीतर रोते-चीखते अंतड़ियाँ फट जाती थीं! लगता था सीना चीरकर साँस अभी रुकेगी! जान बोझ बन जाती थी।

(*उसाँस छोड़कर*) जान नहीं जाती तभी उसका महत्त्व समझ में आता है। जीने की व्याकुलता समझ में आती है। सुख की महत्ता पता चलती है। तब आने वाला हर पल नया, अनोखा लगता है। हम ही अपने लिए नये होते हैं। तब! आसमान, पंछी, बादल, ठूँठ बने वृक्ष का एकाध हिस्सा, खिड़की का हिलता हुआ पर्दा और आसपास की नीरवता, दूर से आने वाली आवाज़ें, अस्पतालों की दवाइयों की गन्ध...सब कुछ जीवन से भरा-भरा लगता

है। लगता है समूचा जीवन हमारे लिए हमारे इर्द-गिर्द महकता हुआ गा रहा है। आत्महत्या—जो हो नहीं पायी उसमें का आनन्द बहुत गहरा और व्यापक होता है। जीने की वेदना से भी बड़ा! (*लम्बी साँस लेकर*) प्राण बिखेर देने पर ही पता चलता है उनके होने के उत्सव का। प्राणों को प्राणों से बढ़कर जब सँभालते हैं तभी पता चलता है कि वे बिखेर देने योग्य कितने क़ीमती हैं। हैं कि नहीं मज़ाक! सँभालें तो बिखेर देने की अहमियत पता चलती है। बिखेर देने पर ही शेष रह जाने का सुख प्राप्त होता है और ये सब कभी पूरा पड़ता ही नहीं। पुनः-पुनः वही। वैसे ही। (*टीचर की स्टाइल से*) जीवन जो है जैसा है। जीवन यानी वह! जीवन यानी वैसा! जीवन यानी फटते जाने वाले पन्नों की किताब। जीवन यानी खुद को ही डसने वाला जालिम विषैला साँप। जीवन यानी विश्वासघात। जीवन यानी उपेक्षा। जीवन यानी नशा। जीवन यानी इन्तज़ार। जीवन यानी कुछ भी नहीं और कुछ तो है या कुछ यूँ ही है—ऐसा कुछ भी नहीं! (*सहसा अदालत की अदा से*) मिलॉर्ड! जीवन है तो महाभयावह बात। जीवन को ही सूली पर चढ़ा देना चाहिए। न जीवन जीवनमर्हति! जीवन की पूछताछ कर उसे नौकरी से निकाल देना चाहिए। लेकिन क्यों? मैंने अपने काम से बेईमानी की? मैं जान छिड़ककर बच्चों में घुल-मिल कर उन्हें पढ़ाती रही। मुझे पता था जीवन इतना सीधा-सरल नहीं होता। मनुष्य अमानुष बन सकता है। अपने ख़ून के रिश्ते भी हमें समझना नहीं चाहते। इस जीवन में बस एक ही चीज़ सर्वमान्य है और वह है शरीर! कितना भी नकार दीजिए लेकिन वह सर्वतोमुखी मान्य है! भावना यानी, लोगों की नज़र में, बस! संवेदनशील होकर कुछ बोलने की अदा। मुझे सब कुछ दीख रहा था। मैं वही सब कुछ जी रही थी। झुलस रही थी। पर किसे पता है कि यह सब मैंने उन मासूम बच्चों को नहीं सिखाया! यह ज़हर मैंने पचाया।

लेकिन उन्हें इसका एहसास तक होने नहीं दिया। मैंने उन्हें सौन्दर्य सिखाया। पवित्रता सिखायी। भीतर ही भीतर रोते हुए मैंने उन्हें हँसना सिखाया। अन्दर से निराश होते हुए मैंने उन्हें आशावादी बनाया। और ऐसी मेरी नौकरी—मेरा इकलौता मनोरंजन—किस गुनाह के कारण छिनी जा रही है? मेरा निजी चरित्र यह मेरा उत्तरदायित्व है। मुझे क्या करना है यह मैं तय करूँगी। हर किसी को यह तय करने की सहूलियत होनी चाहिए। वह और किसी का उत्तरदायित्व हो ही नहीं सकता। हर एक का अपना स्व-धर्म, स्व-भाव होता है; रास्ता होता है और अन्त भी। उसका अन्यों से क्या सम्बन्ध? (*झट से स्कूल वाले हलके-फुलके मूड में*) श्श ऽ ऽ आवाज़ बन्द! सायलेन्स! कितनी चिल्लाहट? (*कठघरे से बाहर आती है और ऐसे चक्कर काटती है जैसे क्लास रूम में हो*) सब चुप बैठिए मूर्ति की तरह। (*ख़ामोशी से सभी को निहारती हुई*) बच्चों ये कौन हैं?

[एक-एक चेहरे पर प्रकाश आता है। सारे चेहरे विकृत लाश की तरह बेजान]

यों बीसवीं सदी के सुसंस्कृत मनुष्य के अवशेष! देखिए हर एक का चेहरा कितना खूँखार, जंगली दिखता है। उनके होंठों पर घिसे-पिटे सुन्दर शब्द हैं। लेकिन भीतर अतृप्त वासनाओं के भंडार हैं।

[स्कूल की लेक्चर ख़त्म होने की घण्टी की आवाज़ बच्चों का अस्पष्ट कोलाहल। वह सुनते हुए पलभर के लिए शान्त, तल्लीन हो जाती है। खो जाती है। वे आवाज़ें दूर जाती हैं—बन्द हो जाती हैं। शान्ति—नींद से जागने जैसी जागृत होती है और आसपास की नीरवता से भयभीत होती है]

नहीं नहीं! अरे मुझे ऐसे अकेले मत छोड़ो। मुझे डर लगता है। बेहद डर। (*भयभीत, मुँह छुपाकर वेदना से*) मुझे स्वीकार है कि मैंने पाप किया है। माँ के भाई से प्यार किया है। लेकिन घर के अनुशासन में वही मेरे

पास...मेरे बहार आये शरीर की प्रशंसा करता रहा...मेरा लाड़-प्यार करता रहा...मुझे क्या पता था कि जिसके साथ मुझे दिल फाड़कर एकरूप होने की प्यास थी, जिसके साथ जीना सार्थक लगता था। उसका मेरा मामा होने से पाप हो जायेगा? अरे उस वक़्त मात्र चौदह बरस की थी मैं। पाप यानी क्या यह भी पता न था। (*दहाड़ मारकर रोती है बच्ची-सी*) मैंने शादी की ज़िद की वह इसलिए कि सभी के जैसे मुझे भी खुलेआम सुन्दर जीना हासिल हो। लेकिन माँ से लेकर सभी ने विरोध किया और मेरा पुरुष चोर की तरह भाग गया। ऐसा गुस्सा आया उस पर कि लगा भरे बाज़ार में उसे पीटूँ और थूक दूँ उस पर। लेकिन तब मैं दुर्बल थी। अज्ञानी थी। मैं ही कूद पड़ी मौत की खाई में। कूद पड़ी घर की छत से। पर मरी नहीं। फिर मैंने प्यार किया। बालिग होकर। प्रौढ़ होकर। जान से भी बढ़कर। लगा यह कुछ अलग है। पर एक अलौकिक बुद्धिवाले से...प्रेम नहीं भक्ति थी वह। लेकिन ग़लती यहाँ भी हुई। मन से की गयी भक्ति में प्रसाद शरीर का दिया गया और बस उतना ही लेकर मेरा प्रगाढ़ प्रबुद्ध देवता मुँह फेरकर चला गया। मेरा मन, मेरी आराधना उसे चाहिए ही नहीं थी। (*धीमी आवाज़ में*) वह देवता था ही नहीं। मनुष्य ही था। जिसका सब कुछ था सिर्फ़ शरीर और शरीर के लिए। फिर शरीर। (*चीखकर*) यह शरीर हर बार धोखा करता रहता है। (*वेदना से कराहती है*) इस शरीर से घिन आती है मुझे और इस पर बड़ा प्यार भी आता है। इस पर गुस्सा भी आता है और फिर लगता है वह मेरा ही है न? मेरा अपना शरीर है। मेरे सिवा जायेगा कहाँ? और उसे नकारकर मैं कहाँ जाऊँगी। कृतघ्न मत होना उससे। उसने ही स्वयं झुलसते हुए मुझे एक सुन्दर, स्वर्गीय, तृप्त क्षण दिया है। यह भूल जाऊँ मैं? शरीर ने ही मुझे शरीर के परे ऊँचाइयाँ छूते हुए दिव्य लोक में उस क्षण पहुँचा दिया था। इसे नकारूँ मैं? और अब उसी

ने धारण किया है उस क्षण का साक्षी—एक नाज़ुक-सा अंकुर। कल के मुस्कराते, चहकते, छलाँग लगाते—मेरे बच्चे का। मेरे प्राणों का। और इसलिए उसे यह शरीर चाहिए। (*आँखें मूँदकर भावावेश में बुदबुदाती है*) उसे माँ चाहिए। उसे पिता चाहिए। उसे घर चाहिए। संरक्षण चाहिए और प्रतिष्ठा भी चाहिए।...

[अँधेरा-प्रकाश-घड़ी की टिक्‌टिक्]

[बेणारे पूर्ववत् कठघरे में खड़ी—चुपचाप। अन्य लोग भी अपनी-अपनी जगह पर।]

काशीकर : (*घड़ी का हाथ नीचे कर*) टाइम इज़ अप। मुजरिमा को कुछ कहना नहीं है और वैसे भी कहकर कुछ फ़ायदा नहीं। पाप का घड़ा भर गया है।

नाऊ जजमेंट! रोकडे मेरी पगड़ी दो।

(*रोकडे जल्दबाजी में देता है। वह पहनकर न्यायाधीश की मुद्रा में*) मुजरिमा मिस बेणारे ध्यान से सुनें।

मिस बेणारे, किये हुए गुनाह महापाप हैं। उन्हें क्षमा नहीं। प्रायश्चित करना ही होगा। इस अतिरिक्त स्वतन्त्रता पर पाबन्दी होनी ही चाहिए। सामाजिक रूढ़ियाँ महत्त्वपूर्ण होती हैं। समाज की बुनियादी संस्था है विवाह। मातृत्व महान, मंगलमयी, पवित्र है। आपने उसे अपवित्र किया। अतः यह कोर्ट इसे गम्भीरता से लेता है। इतना सब करने पर भी आप समाज में सिर ऊँचा कर जी रही थीं। यह बात क्षमायोग्य क़तई नहीं है। गुनहगार लोगों को अपनी हैसियत भूलनी नहीं चाहिए। आपने यह सीमा लाँघी अतः आपके इस घमण्ड के कारण यह अदालत क्रोध व्यक्त करती है। कल की पीढ़ी का भविष्य आपके हाथ में था। आपने जो अनैतिक बर्ताव किया है वह रास्ता आप इस पीढ़ी को दिखा रही थीं। ये कुसंस्कार आप करने वाली थीं इसमें शक नहीं। यानी वर्तमान समाज का ही नहीं भविष्य के समाज का भी अस्तित्व आपके कारण ख़तरे में है। आपको नौकरी से निकाल देने का स्कूल पदाधिकारियों का निर्णय सही है। ईश्वरी कृपा से

ख़तरा टल गया है। फिर भी आपसे या अन्य किसी से ऐसा पाप या गुनाह भविष्य में न हो इसलिए आपके पाप का प्रमाण विनष्ट करने का यानी आपको ज़िन्दा रखकर आपके गर्भ की मृत्यु की सज़ा यह अदालत सुनाती है।

बेणारे : (*कराहकर*) नहीं। यह मैं आपको नहीं करने दूँगी। ऐसा नहीं होने दूँगी।

[सभी पुतले की तरह। बेणारे सिसकते हुए अपने वकील के स्टूल की ओर जाती है और वहाँ निढाल-सी बैठती है। सिसकते हुए टेबल पर गर्दन टेककर कुर्सी पर लुढ़क जाती है। सिर्फ़ सिसकियाँ सुनायी देती हैं। सन्नाटा! हॉल में अँधेरा। दरवाज़े पर दस्तक। चौंककर सभी उस ओर देखते हैं–दरवाज़ा धीरे से अधखुला होता है। प्रकाश की रेखा आती है और दो-तीन लोग भी।]

एक : (*सबको निहारते हुए*) कार्यक्रम शुरू हुआ क्या? यानी वह नक़ली न्यायाधीश?

[सभी चौंक जाते हैं। सभी को याद आता है और वे सकपका जाते हैं। सामन्त बत्ती जलाता है। सभी झट से नॉर्मल बनने का प्रयास करते हैं।]

सामन्त : (*उठकर आगे आकर*) नहीं। अभी नहीं।
अब जल्दी ही शुरू होगा। आप बाहर ही रुकिए...चलिए ...पाँच मिनट...चलिए तो।

[उन्हें जैसे-तैसे बाहर करता है।]

कर्णिक : वाह! क्या मज़ेदार समय बीता। नहीं?

श्रीमती काशीकर : समय का पता ही नहीं चला!

पोंक्षे : व्हाट्स द टाइम। अँधेरा हो गया है।

काशीकर : रोकडे, कार्यक्रम का समय देखना तेरा काम है न? क्या कर रहा था इतनी देर? नालायक कहीं का!

सुखात्मे : रहने दीजिए काशीकर! मज़ा आया न? ऐसा लगा सचमुच का केस लड़ रहा हूँ।

काशीकर : चलिए। सब जल्दी तैयार हो जाइए।

पोंक्षे : आय एम ऑलवेज़ रेडी!

[बेणारे की ओर निर्देश। सभी गम्भीर हो जाते हैं। निढाल-सी बेणारे की ओर सभी देखते हैं। उसके पास आते हैं।]

श्रीमती काशीकर : (*बालों का गजरा ठीक करते हुए*) अरे इसने इतना मन पर लिया। बड़ी भावनाशील है यह लड़की।

काशीकर : और क्या! इतना कोई मन पर लेता है क्या? आफ़्टर ऑल इट वॉज़...।

सुखात्मे : जस्ट अ गेम। और क्या?

पोंक्षे : अ शिअर गेम।

कर्णिक : बेणारे! उठिए। शो का समय हो गया है। शो मस्ट गो ऑन।

श्रीमती काशीकर : (*उसे हिलाकर*) उठ री बेणारे। अरे कार्यक्रम समय पर शुरू करना है। चल उठ। अरी सब झूठ था। सच थोड़े ही था?

[सामन्त भीतर आता है।]

पोंक्षे : सामन्त, चाय का इन्तज़ाम कीजिए। बेणारे मैडम को चाय की सख़्त ज़रूरत है।

सामन्त : जी!

काशीकर : (*उठते हैं। पगड़ी निकालकर रखते हैं। सामने टेबल पर रखी टिक्-ट्वेंटी की बोतल की ओर ध्यान जाता है। डरकर देखते हैं। फिर जल्दी में अन्यों से*) चलिए जल्दी। मुँह धोकर तैयार हो जाइए। खेल काफ़ी हुआ। अब नाऊ टू बिज़नेस। चलिए...

[सभी आवाज़ न करते हुए मिलकर भीतर जाते हैं।]

रंगमंच पर बेणारे वैसी ही निढाल-सी। दरवाज़े पर सामन्त। संकोच से, नासमझी में भीतर आकर...मंच पर रखे सामान में रखा हुआ कपड़े का हरा तोता निकालता है। दरवाज़े की ओर जाने लगता है। लेकिन बेणारे को देखकर दुखी होता है। क्या करे? उसे सूझता नहीं। वह धीमे से पुकारता है—बेणारे मैडम ...लेकिन वह सुनती नहीं। वह और नासमझी में। कुछ नहीं सूझता तो वह तोता अदब से, वात्सल्य भाव से

उसके सामने रखता है और बाहर निकल जाता है।
बेणारे कुछ हिलती है—शक्तिहीन! फिर निढाल-सी। पास में वह तोता है—

कहीं से उसी की आवाज़ में सुर सुनायी देते हैं—

चिड़िया से फिर तोता पूछे,
चिड़िया से फिर तोता पूछे...
'क्यों री तेरी आँखें गीली।'
'क्या कहूँ रे बाबा! ले गया कोई घरौंदा मेरा!'
चिव...चिव...चिव...चिव रे
'कौए दादा कौए दादा
देखा क्या रे तूने घरौंदा मेरा?'
'नहीं री, नहीं री! बिल्कुल नहीं
तेरा-मेरा वास्ता ही क्या है री?'
चिव-चिव-चिव-चिव-चिव...
चिव...चिव...

[प्रकाश सिर्फ़ बेणारे पर। बाकी रंगमंच अँधेरे में।]

(धीमे-धीमे पर्दा गिरता है।)

❑❑